DIZER 12

Circulação Interna

Dizer 12

ESCOLA LACANIANA DE PSICANÁLISE

Circulação Interna

ESCOLA LACANIANA DE PSICANÁLISE

SECRETARIA DE PUBLICAÇÃO E BIBLIOTECA
Ana Beatriz Favero
Ana Benjó
Deise Oliveira Ivaiter
Maria Emília Lobato Lucindo
Yossef Kamel Saad

REVISÃO FINAL
José Mário Simil Cordeiro

DIZER
Boletim Semestral
Escola Lacaniana de Psicanálise

EDITORAÇÃO ELETRÔNICA
FA - Editoração Eletrônica

IMPRESSÃO

ESCOLA LACANIANA DE PSICANÁLISE – RJ
Av. Ataúlfo de Paiva, 255 - sala 206
Leblon - Rio de Janeiro - RJ - cep 22440-030
Tel.: (021) 2294-9336 - Fax: (21) 2512-3115
e-mail: elacan@ism.com.br

Índice

Entrevista coletiva com Dr. Lacan 1

em 29 de outubro de 1974 no Centre Culturel Français.[1]

Tradução do francês para o espanhol por Italo Manzi
Tradução do espanhol para o português por Miriam Celli Dyskant
Revisão por José Mário Simil Cordeiro

J. Lacan: Tomei minhas posições na psicanálise exatamente em 1953. Houve um primeiro Congresso em outubro, em Roma. Creio – eu não o pedi –, imagino que pensaram para mim algo assim como um aniversário. Não é pouco vinte e um anos; são os vinte e um anos durante os quais ensinei de uma maneira que, poderia se dizer, foi decisiva em minhas posições. Já havia começado meu ensinamento dois anos antes de 1953. Talvez tenham pensado nisto.

Por outro lado, eu não tinha nenhuma razão para fazer objeções, tanto mais quanto que Roma, apesar de tudo, é um lugar que conserva uma grande hierarquia e muito especialmente no que concerne à psicanálise. Caso venha a senhora ouvir o que preparei – nunca se sabe o que pode ocorrer –, porque preparei algo para eles; esperavam que eu falasse; não quis que o anunciassem, mas preparei algo, inclusive o preparei com muito cuidado, devo dizê-lo, é certo; então, caso venha , ouvirá algo que diz respeito às relações da psicanálise com a religião. Não se trata de relações muito amistosas. Em suma, é uma ou a outra. Se a religião triunfar, o que é mais provável – falo da verdadeira religião, há somente uma verdadeira –, se a religião triunfar será o sinal de que a psicanálise fracassou. O mais normal é que a psicanálise fracasse, pois aquilo da qual ela se ocupa, é algo muito, mas muito difícil. Mas enfim, com não tenho intenções de dar a conferência agora, a única coisa que posso dizer é que a psicanálise é algo muito difícil.

— Para qual jornal a senhora trabalha?

---

[1] Agradecemos a J. Lacan por ter nos autorizado a reproduzir aqui este texto a título de introdução ao Congresso. Texto integral, não revisado pelo autor.

Sra. X...: Agência Central de Paris.

J. Lacan: É algo muito difícil a psicanálise. Antes de mais nada é muito difícil ser psicanalista, porque temos que nos colocar numa posição absolutamente insustentável. Freud já havia dito. A posição do psicanalista é insustentável.

Sra. X....: Quantos alunos do Dr. Lacan estarão neste Congresso?

J. Lacan: Neste Congresso? Não sei.

Sra. X...: E participantes?

J. Lacan: Os participantes deste congresso, suponho, são muitos mais do que as pessoas da minha escola. Porque há uma espécie de efeito de curiosidade em torno da minha pessoa. É uma loucura, mas é assim.

Sra.X...: Tem algum motivo esta loucura?

J. Lacan : É motivada pela minha, provavelmente. Mas disso, naturalmente, não estou inteirado.

Sra.X...: Creio que minha Agência rival quer tomar a palavra.

Sra.Y...: inaudível.

Sra.X...: Eu perguntava simplesmente ao professor Lacan por que ele dizia que o psicanalista estava em uma posição insustentável...

Lacan: Quando disse isso fiz notar que não era o primeiro a dizê-lo. Se há alguém em quem, apesar de tudo, pode-se confiar sobre o que eu disse a respeito da posição do psicanalista, muito, mais muito precisamente, trata-se de Freud. E Freud entendia disto; dizia haver certo número de posições insustentáveis, entre as quais colocava o "governar"– o que, como a sra. pode ver, equivale a dizer que uma posição insustentável é aquela para a qual todos se precipitam, já que para governar, nunca faltam candidatos –, é como na psicanálise, não faltam candidatos.

Imediatamente Freud acrescentava: educar. Ali os candidatos faltam menos ainda. É uma posição considerada inclusive vantajosa, quero dizer que ali não somente não faltam candidatos mas tam pouco faltam as pessoas que recebem certificados, quer dizer, que estão autorizadas a educar. O que não quer dizer que não tenham a menor idéia do que seja educar. Não obstante, isto sugere muitas meditações. As pessoas não se dão conta muito bem do que querem fazer quando educam. Contudo, esforçam-se para ter alguma vaga idéia. Raramente refletem sobre isto. Mas enfim, o sinal de que há uma coisa que possa inquietá-los, pelo menos de vez em quando, é que lhes ocorre serem vítimas de algo muito particular que somente os analistas conhecem realmente bem: apodera-se deles a angústia. Apodera-se deles a angústia quando pensam nisto, no que é educar. Mas contra a angústia há um monte de remédios. Em particular, há um certo número de coisas a que se chamam de "concepções do homem", do que é o homem. É algo que varia muito. Ninguém se dá conta, mas a concepção que se pode ter do homem varia enormemente.

Foi publicado um livro muito bom que se relaciona com isto, com a educação. É um livro dirigido por Jean Chateau. Jean Chateau era aluno de Alain. Falo disso porque é um livro pelo qual me interessei há muito pouco tempo. Ainda não terminei de ler. É um livro sensacional sob todos os pontos de vista. Começa com Platão e continua através de certo número de pedagogias. E nos damos conta de que o fundamento, o que chamo o fundamento da educação, quer dizer, certa idéia do que é necessário para fazer homens (como se fosse a educação que os fizesse. Na verdade é muito certo que não se força o homem a ser educado; ele realiza sua educação, posto que é necessário que aprenda algo, que passe por alguns apuros, mas afinal os educadores, falando proriamente, são pessoas que pensam que podem ajudá-los e que inclusive haveria verdadeiramente um mínimo a ser dado a fim de que os homens sejam homens, e que isso passa pela educação. Na realidade, não estão equivocados. Com efeito, é necessário que haja certa educação para que os homens cheguem a suportar-se mutuamente.

Com isto se relaciona o analista. As pessoas que governam, as pessoas que educam têm uma diferença considerável no que diz respeito ao analista; sua tarefa é algo que se faz desde sempre. E repito que é algo que se prolifera, quero dizer que nunca se cessa de governar e nunca se cessa de educar. O analista, por sua vez, não tem nenhuma tradição. É um recém-chegado. Quero dizer que entre as posições impossíveis, o analista encontrou uma nova . Então não é particularmente cômodo sustentar uma posição na qual, para a maioria dos analistas, não se tem mais que um breve século atrás de si como referência. É algo verdadeiramente muito novo, o qual reforça o caráter impossível da coisa. Quero dizer que realmente temos que descobri-la .

Por isso, foram os analistas – quer dizer, a partir do primeiro deles – que ao descobrir sua posição e reconhecer muito bem seu caráter impossível refletiram-na sobre a posição de governar e educar. Assim como os governantes e educadores, encontram-se no estágio do despertar; isso lhes permitiu se dar conta de que depois de tudo, as pessoas que governam e as pessoas que educam não têm nenhuma idéia do que fazem. O que não as impede de fazê-lo, e inclusive de não fazê-lo muito mal, porque afinal das contas, os governantes são necessários e os governantes governam, é fato; não somente governam mas isso satisfaz a todos.

Sra.X...: Voltamos a Platão.

Lacan: Sim, voltamos a Platão. Não é difícil voltar a Platão. Platão disse uma quantidade de trivialidades, e naturalmente, voltamos a elas.

Mas é certo que o advento da função própria do analista lançou uma espécie de luz indireta sobre a natureza das outras funções. Consagrei precisamente a este ponto todo um ano, todo um seminário para explicar a relação que surge da existência desta função totalmente nova que é a função analítica, e como tal esclarece as outras. Isso me levou, é claro, a mostrar articulações que não são comuns – porque se fossem comuns, não difeririam – e a mostrar como se pode manipular tudo isso, até certo ponto de uma maneira muito, muito simples. Há quatro pequenos elementos que giram. E naturalmente, os quatro elementos trocam de lugar e terminam por produzir coisas muito interessantes.

Há algo de que Freud não havia falado, porque para ele era algo tabu: a posição do cientista, a posição da ciência. A ciência tem uma probabilidade: também sua posição é totalmente impossível, mas ocorre que ela não tem a menor idéia a esse respeito. Somente agora os cientistas começam a ter crises de angústia. Começam a perguntar-se – é uma crise de angústia que não tem mais importância que qualquer outra crise de angústia; a angústia é algo absolutamente fútil, *absolutamente covarde* – mas é divertido ver como os cientistas, os cientistas que trabalham em laboratórios muito sérios, muitos deles de repente, se alarmaram, tiveram *les foies* como se diz – a sra. fala francês? Sabe o que é *avoir les foies*? *Avoir les foies* é ter "cagaço" – esses sábios se disseram: "e se, um belo dia, depois de ter convertido todas estas pequenas bactérias, com as quais fazemos coisas tão maravilhosas, em um instrumento absolutamente sublime de destruição da vida, vier um sujeito e as tirar do laboratório?"

Antes de mais nada, ainda não se o conseguiu, mas não obstante, começam a ter uma pequena idéia de que se poderiam criar bactérias terrivelmente resistentes a tudo, e que a partir desse momento já não se poderia detê-las e que talvez limpassem da superfície da terra todas essas porcarias, em particular as humanas,que a habitam. E então se sentiram de súbito submersos numa crise de responsabilidade. Aplicaram o que se chama um embargo a certo número de investigações – talvez tenham tido uma idéia, afinal não tão errada do que estão fazendo, quero dizer que é certo, que isso certamente poderia chegar a ser muito perigoso; eu não creio: a animalidade é indestrutível. Não serão as bactérias que vão nos livrar de tudo isso! Mas os cientistas tiveram uma crise de angústia, uma típica crise de angústia. E então aplicaram uma espécie de interdição, provisória pelo menos, disseram que era necessário pensar duas vezes antes de levar demasiadamente longe certos trabalhos sobre as bactérias. Seria um alívio sublime se de repente estivéssemos frente a um verdadeiro flagelo, seria verdadeiramente um triunfo, quer dizer, realmente que a humanidade teria chegado a algo, à sua própria destruição, por exemplo, esse é verdadeiramente o sinal da superioridade de um ser sobre todos os demais, não somente sua própria destruição, senão a destruição de todo o mundo vivo! Seria verdadeiramente o sinal de que o homem é capaz de algo, porém nos dá um pouco de angústia. Ainda não chegamos a isso.

Como a ciência não tem a menor idéia do que faz, salvo ter um começozinho de angústia, como essa, vai continuar à toda por um certo tempo e, provavelmente por causa de Freud, ninguém sequer pensou em dizer que fosse tão impossível ter uma ciência, uma ciência que desse resultados, como governar e como educar. Porém, se temos uma pequena suspeita disso é por causa da análise, porque a análise está realmente ali. A análise, não sei se você está a par, a análise se ocupa muito especialmente do que não anda bem; é uma função ainda mais impossível que as outras, mas graças ao fato de que se ocupa do que não vai bem, ocupa-se dessa coisa que é necessário chamar por seu nome, e devo dizer que até agora sou o único que a chamou assim, refiro-me ao real.

A diferença entre o que anda e o que não anda, é que o primeiro é o mundo, o mundo vai, gira em círculos, é sua função de mundo. Para nos darmos conta de que não há mundo, que dizer, de que há coisas que somente os imbecis crêem que estão no mundo, basta observar que existem coisas que fazem com que o mundo seja imundo, se me permitem expressar-me assim disso se ocupam os analistas. De maneira que, contrariamente ao que se crê, enfrentam o real muito mais que os cientistas, não se ocupam mais do que disso. E como o real é o que não anda, e além do mais estão obrigados a suportá-lo, quer dizer, obrigados continuamente a suportá-lo. Para isso, é necessário que estejam terrivelmente encouraçados contra a angústia.

Já é algo que pelo menos possam falar da angústia. Em certo momento eu disse algumas coisas a respeito. Produziu um certo efeito, produziu um certo reboliço. Depois de minhas palestras um sujeito veio me ver, um de meus alunos, alguém que havia acompanhado o seminário sobre a angústia durante todo um ano; estava absolutamente entusiasmado, era precisamente o ano em que na psicanálise francesa (bom, é assim que chamam) se havia produzido a segunda cisão; estava tão entusiasmado que pensou que tinham que me meter em um saco e me afogar; amava-me tanto que era a única conclusão que lhe parecia possível.

Gritei com ele; inclusive lancei-lhe palavras injuriosas. O que não o impediu de sobreviver, inclusive aderir finalmente à minha Escola. Já vê como são as coisas. As coisas são feitas de palhaçadas. Somente assim talvez se possa confiar em um porvir da psicanálise, se se consagrar suficientemente à palhaçada.

Pois bem, penso que lhe dei uma certa resposta.

Sra. Y...: O senhor pode precisar em que se distingue a Escola Freudiana de Paris das outras escolas?

Lacan: Ali são sérios. É a distinção decisiva.

Sra. Y...: As outras escolas não são sérias ?

Lacan : De maneira nenhuma.

Sra.Y...: O senhor disse há pouco "se a religião triunfar, é porque a psicanálise terá fracassado".O senhor pensa que agora se vai a um psicanalista como antes se ia a um confessor?

Lacan : Sabia que ia me fazer esta pergunta. Esta história de confissão é uma história inacreditável. Por que a senhora crê que alguém se confesse?

Sra Y...: Quando alguém vai a um psicanalista também se confessa.

Lacan: De maneira nenhuma! Não tem nada a ver. É a infância da arte começar por explicar às pessoas que não estão ali para se confessar. Estão ali para dizer, para dizer algo, seja o que for.

Sra Y...: Como o senhor explica este triunfo da religião sobre a psicanálise?

Lacan: Não é de modo algum por meio de confissão.

Sra Y...: O senhor disse "se a religião triunfar, é porque a psicanálise terá fracassado". Como explica o triunfo da psicanálise sobre a religião?

Lacan: A psicanálise não triunfará sobre a religião; a religião é indestrutível. A psicanálise não triunfará: sobreviverá ou não.

Sra Y...: Por que empregou essa expressão, do triunfo da religião sobre a psicanálise? Está convencido de que a religião triunfará?

Lacan : Sim, não triunfará somente sobre a psicanálise, triunfará sobre muitas coisas mais. É impossível sequer imaginar quão poderosa é a religião. Faz um momento falei um pouco do real. Nisto a religião vai ter ainda muitas razões a mais para apaziguar os corações, se se pode dizer assim, porque o real por menos que a ciência o inclua, a ciência de que falava há pouco, algo novo, a ciência, vai introduzir um monte de coisas, absolutamente perturbadoras na vida de cada um. E a religião, sobretudo a verdadeira, tem recursos que nem sequer se podem suspeitar. Por ora, basta ver de que maneira ressoa, é absolutamente fabuloso. Demorou, mas de repente compreenderam quais eram suas probabilidades frente à ciência. A ciência vai produzir tais perturbações que vai ser necessário que a todas essas perturbações se dê um sentido. E no que se refere a sentido, conhecem bastante. São capazes de dar um sentido, pode-se dizer, verdadeiramente a qualquer coisa, um sentido à vida humana por exemplo. Estão formados para isso. Desde o começo, tudo o que é religião consiste em dar um sentido às coisas que outrora eram as coisas naturais. Mas não é porque as coisas venham a se tornar menos naturais, graças ao real, não é por isso que se vai cessar de segregar o sentido. E a religião vai dar um sentido às palavras que começam a provocar um pouquinho de angústia nos próprios cientistas, a religião vai-lhes encontrar sentidos truculentos. Basta ver como pintam as coisas agora. Estão se pondo em dia.

Sra. Y...: A psicanálise se converterá em uma religião?

Lacan: A psicanálise? Não, pelo menos assim espero. Porém talvez se converta, com efeito, numa religião, quem sabe, por que não? Mas não penso que essa seja a minha direção. Penso que a psicanálise não apareceu num momento histórico qualquer, apareceu correlativamente a um passo capital, a certo avanço do discurso da ciência. A análise apareceu então, vou dizer-lhe o que digo a respeito em meu pequeno informe, no assunto, este que elucubrei para este congresso: a psicanálise é um sintoma. Somente há que se compreender sintoma de quê. Em todo caso e claramente, como disse Freud (dado que ele falou de *Mal-estar na cultura*), a psicanálise faz parte desse mal-estar na cultura. Então, o mais provável é que apesar de tudo, não vamos ficar ali, nos dando conta de que o sintoma é o mais real que existe. Vão nos fazer segregar sentido em abundância, e isso alimentará não somente a verdadeira religião, senão a um monte de religiões falsas.

Sra Y...: O que quer dizer "a verdadeira religião"?

Lacan: A verdadeira religião é a romana. Trate de por todas as religiões no mesmo saco e faça, por exemplo, o que chamam de história das religiões: é verdadeiramente horrível. Há uma verdadeira religião, é a religião cristã. Trata-se simplesmente de saber se essa verdade poderá resistir; isto é, se será capaz de segregar sentido de maneira que nos afoguemos bem nele. E não há dúvida de que o conseguirá porque tem recursos. Já há um monte de coisas preparadas para isso. A religião vai interpretar o apocalipse de São João. Houve muita gente que tentou fazê-lo. Encontrará uma correspondência de tudo com tudo. Inclusive é sua função.

O analista por sua vez, é algo muito diferente. Está numa espécie de momento de mutação. Durante um breve instante pudemos nos dar conta do que era a intrusão do real. O analista permanece ali. Está alí como um sintoma , e não pode durar mais que a título de sintoma. A Sra já verá que vão curar a humanidade da psicanálise.À força de afogá-lo no sentido, no sentido religioso é claro, se chegará a reprimir esse sintoma. Me compreende? Acendeu-se uma luzinha no seu entendimento? Não lhe parece que a minha posição é sensata?

Sra Y...: Estou escutando.

Lacan : Está escutando, sim. Mas capta sequer uma pequena coisa que se pareça com o real ?

Sra Y...(começo inaudível): a mim cabe, depois, fazer uma espécie de síntese.

Lacan : A Sra. fará uma síntese? Que sorte que tem! Pois então, extraia disto o que puder.

Durante um breve instante, com a psicanálise teve-se como que um relâmpago de verdade. E se dura, não é de modo algum porque se o tenha forçado.

Sr X...: (fala em italiano); tradução: O senhor leu seus *Ecrits* em italiano, na coleção que se chama "Cosa freudiana."

Lacan : Como? Não há nenhuma coleção "Cosa freudiana".

O intérprete: Sob o título de "Cosa freudiana" há diversos artigos.

Lacan: Sob este título, "A coisa freudiana", traduziu meus *Ecrits*? eu acreditava que era um artigo muito especial. "La chose freudienne"(a coisa freudiana) em francês é o título de um de meus *Ecrits*.

O intérprete: Pois o livrinho que contém cinco ou seis de seus artigos, traduzidos há dois ou três anos, se chama A coisa freudiana .

Sr X....: (em italiano); tradução: O sr diz que os *Ecrits* são muito obscuros, muito difíceis de compreender, e que alguém que queira compreender seus próprios problemas lendo estes textos, se encontrará profundamente desorientado e incomodado.

A segunda impressão é esta: o sr é um dos representantes mais célebres do retorno a Freud. Agora, sua opinião superficial da coisa é que esse retorno a Freud é um pouco problemático. O Sr. diz que sua nova interpretação de Freud, dos textos freudianos, torna a leitura de Freud ainda mais complicada.

Lacan: Talvez porque faço observar o que o próprio Freud por outro lado demorou muito em meter na cabeça de seus contemporâneos. É necessário dizer que quando Freud publicou A *interpretação dos sonhos*, não se vendeu muito, venderam-se – não sei, soube uma vez, não queria dizer algo totalmente errado – creio que 300 exemplares em quinze anos. Freud teve muito trabalho para forçar, para introduzir no pensamento de seus contemporâneos algo tão específico, e ao mesmo tempo tão pouco filosófico. E não é porque tenha tomado não sei de quem, de Hebart, a palavra *Unbewusste*, que não era de nenhuma maneira o que os filósofos chamavam "inconsciente", não tinha nada a ver.

É inclusive o que me esforcei para demonstrar: qual a especificidade do inconsciente de Freud. Os universitários pouco a pouco conseguiram digerir o que Freud, com muita habilidade por outro lado, se esforçou para tornar comestível, digerível. Freud mesmo se prestou a isso por querer convencer. O sentido do retorno a Freud é isto: mostrar o que há de taxativo na posição de Freud, no que Freud descobriu, no que Freud fez entrar em jogo de uma maneira eu diria, completamente inesperada, porque era verdadeiramente a primeira vez que se via surgir algo que não tinha estritamente nada a ver com nada do que se havia dito antes. O inconsciente de Freud é isso, a incidência de algo completamente novo.

Então, não estou muito surpreso, dado que o Sr. só fala o italiano, pelo menos suponho, porque em caso contrário, porque o Sr. não falou comigo em francês? Quanto ao fato de que se leu meus Escritos traduzidos para o italiano, direi, antes de mais nada que talvez não estejam bem traduzidos. Não posso verificá-lo, não estou em condições de verificar. O tradutor vinha me ver com frequência para pedir-me conselhos e ver as coisas mais claras, mas como ele, por sua vez, tem suas próprias idéias, o que eu lhe respondi talvez não tenha servido muito. E também lhe direi logo algo que é característico de meus *Ecrits*: é que meus *Ecrits*, não os escrevi para serem compreendidos, os escrevi para serem lidos, o que não é de maneira alguma a mesma coisa. É um fato que, contrariamente a Freud, há apesar de tudo muitas pessoas que os lêem, certamente mais do que as que leram Freud durante quinze anos. No fim, por certo, Freud teve um enorme sucesso de livraria, mas esperou muito tempo. Eu nunca esperei nada parecido. Pra mim foi uma surpresa quando soube que meus Ecrits eram vendidos. Nunca compreendi como era possível. Por outro lado, o que comprovo é que mesmo não sendo compreendidos, afetam as pessoas. Observei isto com freqüência. Não compreendem nada, é absolutamente certo durante determinado tempo, porém algum efeito se produz sobre elas. E é nisso que eu estaria inclinado a acreditar, contrariamente ao que imaginam os de fora, que imaginam que as pessoas compram simplesmente meus *Ecrits*, e em seguida nem sequer os abrem; mas não somente os abrem como também os estudam e inclusive se reinventam na tarefa porque evidentemente, uma vez que começam meus *Ecrits*, o melhor que se pode fazer, com efeito, é tratar de compreendê-los; e como não os compreendem –, eu não o fiz de propósito para que não os compreendessem – mas, enfim, foi uma conseqüência das coisas, eu falava, dava cursos muito alinhavados e muito compreensíveis, mas como os transformava num escrito somente uma vez por ano, naturalmente surgia um escrito que, em relação à massa do que disse, era uma espécie de concentrado totalmente incrível, que de certa forma deve se colocar na água como as flores japonesas, para que se abram. É uma comparação que vale o que vale.

O que posso lhe dizer, e que é bastante habitual, é como se passam as coisas, porque já me ocorreu ter escrito,inclusive faz muito tempo; é bem plausível que em dez anos um de meus *Ecrits* se torne transparente , meu estimado amigo. Até o Sr. compreenderia! Dentro de dez anos meus *Ecrits*, inclusive na Itália, mesmo traduzidos como estão, vão lhes parecer intranscendentes, lugares comuns. Porque há uma coisa que apesar de tudo é bastante curiosa: mesmo certos escritos, que são escritos muito sérios, tornam-se finalmente lugares comuns. Dentro de muito pouco tempo, o sr vai ver, se encontrará Lacan em toda a esquina! Nem mais nem menos que Freud! Finalmente todos imaginam que leram Freud porque Freud anda rodando por todos os lados, anda rodando nos jornais, etc. Já vai acontecer comigo também, o Sr. verá, a todos poderia ocorrer se abocanharam isto, se fizeram as coisas um pouco apertadas, evidentemente, apertadas ao redor de um ponto muito preciso que é o que eu chamo de sintoma, ou seja, o que não anda.

Houve um momento na história em que havia bastante gente ociosa para ocupar-se muito especialmente do que não anda e dar uma fórmula do "O que não anda" em estado nascente, se posso dizer assim. Como expliquei há pouco, tudo recomeçará a girar em círculos, quer dizer, na realidade, a afundar sob as mais repugnantes destas coisas que conhecemos desde há muitos séculos e que naturalmente se restabeleceriam. A religião, digo-lhe eu, é feita para isso, é feita para curar os homens, quer dizer, para que eles não se deêm conta do que não anda. Houve um pequeno relâmpago – entre dois mundos, se posso me expressar assim –, entre um mundo passado e um mundo que irá reorganizar-se como um soberbo mundo futuro. Não penso que a psicanálise detenha, nenhuma chave do futuro. Mas será um momento privilegiado durante o qual se terá uma visão bastante justa daquilo que eu chamo num discurso o *parlêtre*. O *parlêtre* é uma maneira de expressar o inconsciente. O fato de o homem ser um animal falante, o que é totalmente imprevisto, o que é totalmente inexplicável, saber o que é, como se fabrica essa atividade da palavra, é algo sobre o qual darei algumas luzes durante minha fala no Congresso. Está muito vinculado a certas coisas que Freud considerou como sexualidade e, com efeito, tem uma relação, mas se vincula à sexualidade de uma maneira muito, mas muito particular.

Muito bem. Então verá. Conserve este livrinho em seu bolso e releia-o dentro de quatro ou cinco anos, verá como vai se envaidecer!

M.Y...(em italiano); tradução: Pelo que entendi na teoria lacaniana geral, na base do homem não está a biologia ou a fisiologia mas a linguagem. Porém São João já disse: "No princípio era o verbo". O Sr. não acrescentou nada a isso.

Lacan: Eu acrescentei um pouquinho. São João começa seu Evangelho dizendo que "no princípio era o verbo". Com isto estou muito de acordo. Mas antes do princípio, onde estava? Isto é o verdadeiro impenetrável. Porque disse "No princípio era o verbo", esse é o Evangelho de São João. Mas há outra coisa que se chama Gênesis que de modo algum está desvinculado desse assunto do Verbo. Naturalmente para estar desvinculado disto se disse que o Verbo era assunto do Deus Pai, e que se reconhecia bem que o Gênesis era tão verdadeiro quanto o Evangelho de São João porque foi com o verbo que Deus criou o mundo. Coisa curiosa, o verbo!

Na Escritura judaica, A Escritura Santa, se vê muito bem para que serve o fato de que o Verbo tenha estado em certa medida não no princípio, mas antes do princípio: é que graças a isso, como era antes do princípio, Deus acredita que tem o direito de fazer todo tipo de reprimendas às pessoas a quem faz um pequeno agrado, do tipo "tit-tit-tit" como se diz aos pintinhos. Ensinou Adão a nomear as coisas, não lhe deu o Verbo, porque foi uma tarefa muito importante, o ensinou a nomear. nomear, não é grande coisa, sobretudo porque além do mais todos estes nomes são...., quer dizer algo plenamente na medida humana. Os seres humanos não pedem senão isso, que as luzes sejam moderadas. A luz em si é absolutamente insuportável. Por outro lado, nunca se falou de luz durante o século das luzes, se falou de *Aufklärung*. "Traga uma lamparina, por favor". Já é muito. Já é inclusive mais do que podemos suportar.

Então estou a favor de São João e de seu "No princípio era o verbo", mas é completamente enigmático. Quero dizer o seguinte: as coisas não começam para este ser carnal, este personagem repugnante que apesar de tudo devemos chamar de homem comum, as coisas não começam para ele, quero dizer, o drama só começa quando se introduz o Verbo, quando o Verbo,como diz a religião – a verdadeira – quando o Verbo se encarna. É quando o Verbo se encarna que tudo começa a andar desastrosamente mal. Já não se é totalmente feliz, já não se parece em nada a um cachorrinho que abana o rabo, nem a um bom macaco que se masturba. Já não se parece a nada em absoluto. Está devastado pelo Verbo.

Nesse caso também penso que é o princípio, certamente. Vão me dizer que não descobri nada. todas as coisas que tomei foram as coisas que fui retirando de um lado ou de outro. E depois, sobretudo, veja só, tenho certa experiência neste ofício sórdido que se chama ser analista. E então, ali sim que aprendo um monte de coisas. E direi que o "No Princípio era o verbo" adquire mais peso para mim, porque vou lhe dizer algo: se não tivesse o Verbo que, é necessário dizê-lo, lhes faz gozar, todas estas pessoas que vêm me ver, porque haveriam de voltar a minha casa se não fosse porque a cada vez se fartam de Verbo? Eu, é a partir deste ângulo que me dou conta. Causa-lhes prazer, se regojizam. Eu digo, sem isso, porque teria clientes, porque voltariam com tanta regularidade, durante anos, se dá conta? É um pouco assim. Pelo menos no começo do análise, é certo. Para a análise, certamente, o princípio é o verbo. Se não tivesse isso, não vejo que diabos faríamos juntos ali!

Sr X....(em italiano): É certo que a psicanálise tenha entrado numa crise irremediável? Não é que as relações do homem tenham se tornado problemáticas porque essa real é tão invasor, tão agressivo, tão obcecante...(continuação inaudível)

Lacan: Tudo que temos de real até o momento é pouco frente ao ...ao que apesar de tudo não se pode imaginar, porque precisamente o que é característico do real é que não se o imagina.

Sra Z ...: A pergunta se referia ao papel da psicanálise hoje. O Sr. dizia agora há pouco que a psicanálise estabelecia a relação do indivíduo com o real. A pergunta era que, tendo o real se tornado tão agressivo, tão "obcecante"como dizia o Sr., tinha então que liberar o homem do real, logo a psicanálise não teria razão de ser.

Lacan: Se o real se apresenta suficientemente agressivo ...

Sr X...: *Cioè che il reale é diventato cosí distruttivo che l'única possiblitá di salvezza é la sottrazione al reale, perché la psicanalisi ha cessato completamente la sua funzione.*

Intérprete: A única salvação possível frente a este real que se tornou tão destrutivo ...

Lacan: Seria rechaçar completamente o real?

Intérprete: E o Sr. falou de esquizofrenia coletiva. Por isso conclui o papel do psicanalista tal como foi apresentado.

Lacan: É um forma pessimista de representar o que eu creio ser mais simples: o triunfo da verdadeira religião. É uma forma pessimista. Rotular a verdadeira religião como esquizofrenia coletiva é um ponto de vista muito especial, que é sustentável, estou de acordo. Mas é um ponto de vista muito psiquiátrico.

Intérprete: Não é o ponto de vista de seu interlocutor, ele não falou de religião.

Lacan: Não, não falou de religião, mas eu acho que coincide de maneira assombrosa com aquilo de onde eu parti, ou seja, que a religião, no final das contas, poderia muito bem combinar tudo isto. Não obstante, não há que dramatizar muito. Devemos poder nos acostumar ao real, quero dizer ao real, naturalmente ao único real concebível, o único ao qual tenhamos acesso. No nível do sintoma, não é ainda verdadeiramente o real, é a manifestação do real no nosso nível de seres vivos. Como seres vivos, estamos carcomidos, mordidos pelo sintoma, quer dizer que no final das contas, somos o que somos, estamos doentes, é tudo. O ser falante é um animal doente. No princípio era o verbo, tudo isso diz a mesma coisa.

Mas ao real a que podemos aceder, acedemos por um caminho muito preciso, o caminho científico, quer dizer, das pequenas equações. E esse real, o real real, se posso chamá-lo assim, o verdadeiro real, é justamente o que nos falta completamente no que nos concerne, pois desse real, no que nos concerne, estamos totalmente separados, a causa de algo muito preciso que eu, ainda que jamais tenha podido demonstrá-lo totalmente, creio que jamais chegaremos a dominá-lo: jamais chegaremos a dominar a relação entre esses parlêtres que sexuamos com a mulher. Nisto, os pedais estão radicalmente perdidos;[2] é inclusive o que especifica isso que geralmente se chama ser humano. Sobre este ponto não há nenhuma probabilidade de que isso tenha êxito alguma vez, quer dizer, que tenhamos a fórmula, algo que se escreva cientificamente. A partir dali se dá a proliferação de sintomas, porque tudo se aferra ali. Nisto Freud tinha razão quando falava do que chamou de sexualidade, para o "parlêtre"não há esperanças.

Mas o real ao qual acedemos com pequenas fórmulas, o verdadeiro real, isso é algo muito distinto. Até o momento não tivemos outros resultados além de divertidas fofocas de consumo: a saber, se envia um foguete à lua, temos televisão, etc. Isto nos come, mas nos come por intermédio de coisas que mudam dentro de nós.É porque, apesar de tudo, nos interessa. Nos interessa devido a um certo número de coisas absolutamente elementares, que poderíamos enumerar, com as quais poderíamos fazer uma listinha muito, mas muito precisa. Mas de qualquer maneira nos deixamos comer.

Por esta razão não estou entre os alarmistas nem entre os angustiados. Quando estivermos fartos, deteremos isso e nos ocuparemos de coisas verdadeiras, ou seja, do que chamo de religião.

---

[2] Esta frase: Les pédales sont radicalement perdues, sobretudo depois do que o autor diz sobre a sexuação, deve se ler também como "os maricas estão totalmente perdidos" (N. do T.)

Sra A...(começo inaudível) ... mas não obstante talvez haja algo, é que é difícil aproximar-se ao real e não somente ao símbolo, a não ser por uma fenda, quer dizer, que o real é transcendente, para chegar a esse algo que nos transcende ... (inaudível) está com efeito as fofocas e com efeito, as fofocas nos comem.

Lacan: Sim, eu não sou muito pessimista. Haverá um tamponamento da fofoca. Sua extrapolação, quero dizer que me parece um ato de fé, porque na verdade ...

Sra A...: Eu lhe pergunto o que é um ato de fé.

Lacan: Isso é o horrível, que estamos sempre na feira (a que estamos sempre sendo expostos).

Sra A...: Disse fé, não feira!

Lacan: No que me diz respeito, é minha maneira de traduzir fé. A fé é a feira. Há tantas fés, a sra compreende, fés que criam ninhos nas esquinas, que apesar de tudo, isso somente se diz bem no for ou seja, na feira.

Sra A...: Fé , foro, feira, são jogos de palavras.

Lacan: São jogos de palavras, é certo. Mas eu dou uma enorme importância aos jogos de palavras, a Sra. sabe. Me parece a chave da psicanálise.

Sr. B..(em italiano).

Lacan: Eu não sou nada filósofo.

Sr B..: *Una nozione ontológica, metafísica del reale...*

Lacan : Não é ontológico em absoluto.

Sra A...: Ele disse: O professor Lacan toma uma noção kantiana do real ...

Lacan: Mas não é de modo algum kantiano. Inclusive é isto sobre o que insisto, se há noção do real, é uma noção extremamente complexa, e a este título, não se pode captar-se, captar-se de uma maneira que esgotaria tudo. Me parece uma noção incrivelmente antecipadora pensar que haja um todo do real, enquanto não tivermos verificado, creio que vale mais então dizer que o real seja de alguma maneira um todo.

Recentemente li algumas coisas a respeito – na verdade chegou às minhas mãos um pequeno artigo de Henri Poincaré sobre a evolução das leis. Os senhores não conhecem seguramente este artigo, é impossível de se encontrar, me trouxeram, é um luxo de bibliófilo. Este artigo gira em torno da pergunta formulada por Boutroux: se seria possível pensar que também as leis poderiam ter uma evolução. Poincaré, que é matemático, se enfurece totalmente diante do pensamento de que pudesse haver uma evolução das leis, posto que justamente o que o cientista busca é uma lei que não evolua.

Quanto a isso devo dizer que são coisas que ocorrem por acidente, ocorre por acidente que um filósofo seja mais inteligente que um matemático, é muito caro, mas desta vez, por acaso, Boutroux colocou uma questão que me parece absolutamente capital. Com efeito, porque as leis não evoluiriam, dado que pensamos um mundo como um mundo que evoluiu? Por que as leis não evoluiriam? Poincaré se mantém firme como o ferro quanto ao próprio de uma lei, ou seja, que com uma lei não somente se pode saber no domingo o que ocorrerá na segunda feira e na terça feira, senão que alem disso, funciona nos dois sentidos, ou seja, que graças a uma lei, se deve saber o que ocorreu no sábado e também na sexta feira. Mas não vemos em absolutto porque o real não admitiria esta entrada de uma lei que se mova.

É muito certo que aqui perdemos completamente as estribeiras, porque como estamos situados num ponto preciso do tempo, como poder dizer algo a propósito de uma lei que já não é uma lei, segundo diz Poincaré? Mas porque, depois de tudo, não pensar também que talvez um dia, sempre graças aos cálculos, possamos saber um pouquinho mais sobre o real? Exatamente como Augusto Comte, que dizia que jamais se saberia alguma coisa sobre a química das estrelas: coisa curiosa, aparece uma coisa chamada espectroscópio, e tem com muita precisão dados sobre a composição química das estrelas. Então há que se desconfiar porque aparecem recursos, lugares de passagem absolutamente insensatos, que não se podiam imaginar de modo algum, que não se podiam prever de modo algum, e que talvez façam com que um dia tenhamos uma noção sobre a evolução das leis. Em todo caso eu não vejo porque o real haveria de ser por causa disto mais transcendente.

Creio que é uma noção muito difícil de manejar. Por outro lado, até o momento somente se manejou com sua prudência.

Sr X...: É um problema filosófico.

Lacan : É um problema filosófico, é certo. Com efeito, há coisas, há pequenos domínios a partir dos quais a filosofia ainda teria algo a dizer. Desgraçadamente é bastante curioso que a filosofia mostre tantos sinais de envelhecimento, quero dizer que, bom, Heidegger disse duas a três coisas sensatas; de qualquer forma já faz muito tempo que a filosofia não diz absolutamente nada inteligente para o mundo. Por outro lado, a filosofia nunca disse algo interessante para o mundo. Quando se sai com algo, a filosofia diz coisas que interessam a duas ou três pessoas. E depois disso, há um ensinamento filosófico, quer dizer que essa coisa passa para a Universidade. Uma vez que tenha passado para a Universidade está acabada, já não há mais a menor filosofia; nem sequer é imaginável. Agora há pouco alguém me atribuiu um kantismo, de uma maneira totalmente gratuita. Eu nunca escrevi mais que uma só coisa sobre Kant, é meu pequeno escrito "Kant com Sade. Para dizê-lo de uma vez, faço de Kant uma flor sádica. Por outro lado, ninguém prestou a menor atenção a esse artigo. Um bom senhor concentrou em alguma parte, mas eu não sei sequer se foi publicado. O certo é que ninguém me respondeu nada sobre este artigo. Certamente sou incompreensível.

Sra A: (em italiano) tradução: Minha imputação de kantismo é arbitrária. Como se estava tratando do real como transcendência, citei ao passar "a coisa em si", mas não é uma imputação de kantismo.

Lacan: Se me esforço por algo, é para dizer coisas que se ajustem a minha experiência de analista, isto é, a algo limitado, dado que nenhuma experiência do analista pode pretender apoiar-se sobre tantas pessoas no intuito de generalizar. Eu tento determinar com o que um analista pode sustentar-se a si mesmo, o que a função de analista implica como aparato – se posso expressar-me assim – como aparato mental rigoroso. Quando se é analista, de que apoio há que se sustentar para não extrapolar de sua função de analista. Porque quando se é analista, constantemente sentimos a tentação de patinar, de deslizar, de deslizar pela escada apoiados sobre o traseiro, o qual reconhecemos que é muito pouco digno da função de analista. Há que saber permanecer rigorosos porque não há que intervir mais que de uma maneira moderada e preferencialmente eficaz. Para que a análise seja séria e eficaz, eu trato de dar suas condições; pareceria que extrapola sobre cordas filosóficas, mas não o faz nem um pouco.

Eu não faço filosofia para nada; pelo contrário, desconfio dela como da peste. E quando falo de real, o que me parece uma noção absolutamente radical para nodular algo na análise, mas não a única, está o que chamo o símbolo e o que chamo imaginário. Aferro a isto como algúem se aferra a três pequenas cordas que as únicas que lhe permitem flutuar. Proponho aos outros, por certo, àqueles que têm a amabilidade de seguir-me, mas eles podem seguir montes de outras pessoas que não faltam para oferecer-lhes sua ajuda. O que mais me assombra é ter ainda tantos a meu lado, porque não posso dizer que tenha feito alguma coisa para retê-los. Não estou agarrado às suas saias. Não temo em absoluto as pessoas irem. Ao contrário, me sinto aliviado quando se vão. Mas enfim, aos que estão comigo apesar de tudo lhes agradeço que de quando em quando me devolvem algo, o que me dá a sensação de que não sou completamente supérfluo no que ensino, de que lhes ensino algo que é útil.

Foi uma gentileza terem me interrogado durante tanto tempo.

A Propósito da Transferência

José Nazar

Psicanalista Membro da Escola Lacaniana de Psicanálise

> *"É por isso que, por trás do amor dito de transferência, podemos dizer que o que há é afirmação do laço do desejo do analista com o desejo do paciente".*
>
> (Lacan, Seminário, livro 11)

> *" É no movimento através do qual o sujeito se revela, que aparece um fenômeno que é a resistência. Quando a resistência se torna muito forte, surge a transferência... Um fato desse tipo se reproduz um número incalculável de vezes numa análise... A resistência é um fenômeno que Freud localiza na experiência analítica".*
>
> (Lacan, Seminário, livro 1)

Sabemos que a transferência está na ordem dos conceitos maiores que fundamentam a descoberta psicanalítica. Juntamente com o inconsciente, a pulsão e a repetição, ela compõe o quadro dos *quatro conceitos fundamentais da psicanálise*. A transferência, embora tenha chegado num segundo tempo, logo ela se fez reconhecer como um conceito nuclear da psicanálise, donde o consenso geral, na comunidade psicanalítica, de que não há psicanálise sem transferência. A psicanálise não-é-sem transferência. Se no decorrer de uma psicanálise em intensão – essa que se passa no divã, na consecução de uma psicanálise pessoal -, constatamos o exercício de um *trabalho de transferência*, como uma conseqüência direta da regra fundamental, por outro lado, na psicanálise em extensão - onde se reconhece a presença em ato dos efeitos do inconsciente no social -, vamos nos deparar com uma inflexão, onde o que se verifica é a presença efetiva de uma *transferência de trabalho*. A articulação desses dois momentos lógicos cria as bases necessárias para que se inscreva uma transmissão da psicanálise como um acontecimento contingencial.

A transferência traduz-se como um fenômeno que marca a essência mesma do ser humano, pois ela, no delineamento de suas marcações temporais, irá revelar tudo aquilo que diz respeito ao que se denota de uma verdadeira passagem do campo do amor ao que se recorta como a estrutura do desejo. Tal como nos ensina Lacan, a transferência nunca foi um privilégio exclusivo da psicanálise, de sua descoberta. Não se pode aceitar uma posição extrema no sentido de articular a transferência como ligada à prática analítica, ou até mesmo como um produto dessa prática ou um artefato dela. Mesmo se devemos considerar a transferência como um produto da situação analítica, podemos dizer que esta situação não criaria o fenômeno todo e que, para produzi-lo, é preciso que haja, fora dela, possibilidades já presentes, às quais ela dará composição, talvez única. Isto não exclui de modo algum que onde não haja analista no horizonte não possa haver ali, propriamente, efeitos de transferência estruturáveis como o jogo da transferência na análise. Simplesmente, a análise, ao descobri-los, permitirá dar um modelo experimental que não será de modo algum forçosamente diferente do modelo assim chamado natural. Muito antes da invenção da psicanálise, a transferência já se encontrava perfeitamente demarcada e até mesmo articulada com o mais extremo rigor, por exemplo num texto em que se debate sobre o amor. Para balizar um sentimento fundamental na relação entre os comuns, a transferência compareceu destacada no O Banquete de Platão, onde o amor ocupava a boca da cena, no sentido de se delinearem as exuberâncias do posicionamento de Sócrates, que afirmava nada saber, senão o que diz respeito a Eros, ou seja, o desejo. Pode-se dizer que ali Platão já indicava, de maneira precisa, o lugar da transferência.

Nesse território descoberto por Freud, no movimento de operacionalização desse campo germinal, vamos verificar uma adequação dessa transferência como um elemento relacional, no sentido de uma articulação mais consistente da relação do sujeito com o outro, no interior mesmo de uma direção da cura. Pode-se dizer que a transferência carrega consigo alguma coisa extremamente tenaz, que permite a consistência de um conjunto que se caracterizará como verdadeiramente freudiano. Em que uma transferência psicanalítica se diferenciaria dessa que se estabelece numa relação efetiva entre duas pessoas fora da situação analítica? Veremos, no decorrer desta apresentação, o que faz de uma transferência, uma transferência psicanalítica. Há que se pontuarem e demarcarem com clareza as semelhanças e diferenças de uma transferência no sentido comum e uma transferência no âmbito de uma psicanálise, fundamentalmente no que diz respeito à sua finalização. Se uma transferência tem a particularidade de se formular como transferência psicanalítica, à diferença de todos os outros tipos de relações humanas que se estabelecem num ritmo transferencial, é porque ela se apresenta como tendo um início e um final.

Sabemos que Freud ao inventar o método psicanalítico não contava com a transferência. Ela compareceu de forma intempestiva, abrupta, à sua revelia. Ela simplesmente se impôs. Vale ressaltar algumas afirmações de Freud no que se refere, não somente ao seu aturdimento frente a este acontecimento inesperado, como também, ao que se constituirá, como elementos de marcações técnicas, após suas observações genuínas que se inscreveram na leitura do texto que se apresentava na fala de seus pacientes. Em 1905, a propósito do "caso Dora", Freud irá afirmar uma das pérolas mais preciosas no que se refere à constituição do dispositivo analítico: "A cura analítica não cria a transferência, meramente a revela". Logo a seguir, no mesmo artigo, nos ensina algo de surpreendente, a partir de seus embaraços: "Quando alguém se aprofunda na teoria da técnica analítica, chega ao entendimento de que a transferência é algo necessário. Não há meio algum para evitá-la e é preciso combater esta última criação da doença como se faz com todas as anteriores". A transferência já estava presente nas primeiras incursões clínicas de Freud rumo à construção daquilo que seria a verdadeira descoberta freudiana. Estava presente, sim, mas não era reconhecida naquilo que se estabeleceria a partir de alguma coisa que pudesse ser lida nos recortes que delineiam sua estrutura. E o interessante é que o trabalho clínico de Freud sofre profundamente a falta deste reconhecimento como um elemento fundamental na consideração de uma condução da cura. Por isso é que verificamos, na fala do próprio Freud, como o desconhecimento de um saber sobre a transferência impediu que ele avançasse um pouco mais nas análises que conduzia, muitas vezes ocasionando interrupções abruptas ou prematuras, ou até mesmo impedindo a realização de uma interpretação mais apropriada do material fornecido por seus pacientes. A "demora" de Freud em reconhecer a transferência como aquilo que se inscreveria como um artifício importante de acesso efetivo ao material inconsciente, deveu-se, certamente, às implicações subjetivas que este fenômeno provoca num psicanalista quando este dirige uma cura. Em 1953, Lacan irá afirmar que "por não ser reconhecida, a transferência operou como obstáculo ao tratamento. Reconhecida, tornase o melhor apoio do tratamento" (Lacan, Seminário, livro 1, "os escritos técnicos de Freud"). Este movimento de Freud, no início de sua descoberta, revela de saída o caráter fundador de sua genialidade: frente a situações novas, inusitadas, ele, Freud, não cai em momento algum, como seria de se esperar, nos estados letárgicos tão comuns na seriação de uma culpabilidade. Pelo contrário, frente a esses verdadeiros nós, ele se angustia e responde com uma nova solução, sempre avançando, passando para uma outra coisa. Quando Freud se depara com este fenômeno da transferência, sua preocupação inicial está em saber como dominar, como criar condições novas de trabalho em relação ao que se apresentava como empecilhos. De saída, o paradoxo se estabelece: este fenômeno está aí como um obstáculo, como uma nova patologia, mas, ao mesmo tempo, como alguma coisa que se escreveria como sendo da ordem do necessário. O próprio Freud alertou que o fracasso da condução da cura da jovem histérica Dora se deveu ao fato de ele não se ter dado conta a tempo da intrusão do fenômeno da transferência. Esse "erro" se repetiu em vários momentos de seu trabalho e essa "resistência" lhe permitiu tirar *conseqüências fundadoras*, no só-depois, ao construir sua doutrina. Em 1908, ao demonstrar o trabalho com o "Homem dos ratos", o paradigma da neurose obsessiva, Freud irá criar as bases para a inserção da transferência numa psicanálise. Pode-se dizer que é a partir de uma profunda reflexão clínica realizada por Freud a propósito da condução deste tratamento, que verificaremos as condições reais de uma construção do conceito de transferência, que acontece em 1912, com o artigo "A Dinâmica da Transferência", e em 1913, "Observações sobre o Amor Transferencial". São estes dois artigos de Freud que realmente irão inserir e demarcar o lugar da transferência no campo psicanalítico.

A transferência aparece pela primeira vez no cenário psicanalítico em 1888, num artigo de Freud sobre clínica, a saber, sobre fenômenos histéricos, quando ele falava da transposição de um sintoma de um lado para o outro do corpo. Mas a referência a esse fenômeno, como alguma coisa que engancha a pessoa do analista no interior de um tratamento, esta concepção nasce nos "Estudos sobre a histeria", em 1895, e é a que dará subsídios para um posterior desenvolvimento no que diz respeito a esse conceito. A transferência (*Übertragung*) é um fenômeno espontâneo, que não necessita de nenhum estímulo por parte do analista e que, num dado momento específico de uma psicanálise, envolve e imanta a pessoa do analista, ocasionando a interrupção, temporária, do bom andamento do trabalho associativo. Aqui Freud se utiliza da expressão "falsa ligação" para se referir a essa comparação. Porém, é na "Interpretação dos Sonhos" (1900), que Freud enuncia sua primeira definição do fenômeno transferência: "A representação inconsciente não pode, enquanto tal, penetrar no pré-consciente, a menos que se junte a alguma representação sem importância que se encontrava aí, à qual transfere sua intensidade, e que lhe serve de cobertura – eis o fenômeno da transferência". Nesse ponto onde a referência à transferência se dá pelo viés de uma transferência de representação (significante), como uma conseqüência direta dos elementos do inconsciente, vamos verificar o nascimento do posicionamento de Freud em relação a este conceito, em seu atrelamento à repetição. A transferência, ao longo de toda obra de Freud, comparecerá eclipsada, amalgamada à repetição. O trabalho de Lacan em 1964 será justamente aquele de demarcar os lugares estruturais dos conceitos fundamentais, e, então, separar esta dupla transferência-repetição.

Ora, é do consenso comum dos psicanalistas - e o próprio transcorrer da história da psicanálise tem nos mostrado - que a transferência é o *modus operandi* do psicanalista, sua bússola para conduzir a direção de uma cura, o motor mesmo da eficácia terapêutica e, por que não dizer, o ponto nodal e o princípio mesmo de seu poder. Se é por meio e através da transferência que se instaura um novo discurso, ou seja, os significantes da enunciação do sujeito, pode-se afirmar que ela está na ordem de um para -além da doutrinação, para-além que nos responde ao que diz respeito à eficácia da intervenção do analista: o ato da palavra. Aparece, então aqui um fenômeno importante da prática analítica, pois a transferência como veículo de cura se estabelece na e pela dimensão da palavra, que traz a revelação da relação imaginária ocorrida em pontos cruciais do encontro falado com outro, quer dizer, aqui, com o analista. "O discurso, desligado de um certo número de suas convenções pela regra dita fundamental, põe-se a jogar mais ou menos livremente em relação ao discurso ordinário e abre o sujeito a essa equivocação fecunda por onde a palavra verídica encontra o discurso do erro. Mas, também, quando a palavra foge da revelação, da equivocação fecunda e se desenvolve na tapeação- dimensão essencial, que nos proíbe precisamente de eliminar o sujeito como tal da nossa experiência, e de reduzi-la a termos objetais- descobrem-se esses pontos que, na história do sujeito, não foram integrados, assumidos, mas recalcados"(Lacan, Seminário, livro 1).

É a partir da incidência do discurso analítico que o sujeito irá criar os caminhos que o levarão a uma busca incessante sobre a verdade de seu desejo, num movimento que é bordejado no cerne mesmo de sua singularidade, naquilo que se inscreve como a própria dimensão da análise, na qual a reintegração da história é levada até os últimos limites sensíveis, justo naquilo que ultrapassa em muito o campo de uma marcação individual. Lacan não cessou de nos lembrar, desde o início dos seus ensinamentos, que a história não é o passado; ela só é o passado na medida em que é historiada no presente, historiada no presente através de uma estrutura de linguagem, porque foi vivida no passado. Esse caminho trilhado na experiência freudiana - diga-se de uma experiência germinal - denota o caminho de uma restituição da história do sujeito no sentido de uma verdadeira procura da restituição do passado. Esta incidência modular de uma descoberta de Freud sinaliza a esse um caminhante analítico, na passada real de uma aventura até então não realizada, que sua possibilidade só encontra as razões de uma abertura na estrutura lógica que se escreve naquilo que, de uma disparidade, se anima como uma estrutura de transferência.

No "Esboço da Psicanálise", Freud irá nos ensinar que o sujeito nunca esquece aquilo que descobriu na transferência, no que ela se presentifica como uma realidade do inconsciente, numa evidência lógico-temporal, promovendo, assim, a estagnação da dialética analítica. A emergência do fenômeno transferencial e as inflexões discursivas que daí advêm a partir das intervenções do analista permitem verificar melhor os elementos pontuais de uma subjetividade, a partir da relação do sujeito e o Outro, no sentido de se recortar o plano de um imaginário, na abertura de uma insistência simbólica na cura. Lacan, nos "Escritos", retoma um ponto fundamental que diz respeito à abertura da transferência, justamente o ponto onde o analista é esperado intervir a partir de uma modulação transferencial: "Qual é, pois, esse outro a quem sou mais apegado do que a mim, já que, no seio mais consentido de minha identidade comigo mesmo, é ele que me agita?" A transferência é o que reflete como o sujeito constitui os modos permanentes de abordar seus objetos, sua relação com o outro, outro que lhe abre, no campo narcísico, o reencontro com o reino do eu-ideal. É nesse jogo especular das suas relações com o outro que o sujeito se verá amável para si mesmo, campo narcísico-erótico tão importante no terreno da transferência, campo de constituição do eu do sujeito, instalado numa dualidade interna ao sujeito - destaca-se, aqui, a questão das tensões agressivas. É o que permitirá a Lacan afirmar que "o eu é esse mestre que o sujeito encontra em um outro e que instaura uma função de dominador no coração de si mesmo" (Lacan, Seminário, livro 3). A questão agressiva é reconhecida, na medida em que se afirma que em toda relação com o outro, mesmo erótica, existe algum eco da relação de exclusão – "É ELE OU EU" – constituinte do plano imaginário (cenário sustentáculo da transferência) do sujeito. "O outro está pronto para retomar o seu lugar de dominador em relação a ele, porque ele tem um eu que sempre lhe será em parte estranho, mestre implantado nele por cima do conjunto de suas tendências, de seus comportamentos, de seus instintos, de suas pulsões" (Lacan, Seminário, livro3). A situação analítica, sob a regência do discurso analítico, é o cenário ideal onde se inscreve uma relação de demanda de amor a um Outro presente. Mesmo que o analista não ocupe o lugar de um Outro simbólico – veremos isso mais adiante - de uma certa maneira ele é instado a responder e a corresponder ao amor do analisando, e, diante de uma ausência de resposta por parte do analista, o sujeito, enquanto assujeitado ao desejo do analista, está sempre num movimento de querer enganá-lo, justamente no empenho dessa proposta de amor -.

Isto, por si só, faz emergir aquilo que comumente designamos, no cenário transferencial, o "amódio" (*hainamoration*), essa mescla de sentimentos tão familiar que habita a particularidade desejante dos pacientes que apresentam uma estrutura neurótica. Esses sentimentos que emergem sob a forma de transferências, nós poderíamos dizer que se trata de um ponto onde o analista terá que se ver e dizer a que veio, pois lidar com esses sentimentos, a partir de uma escuta implicada na transferência, é dizer da possibilidade de se apresentar uma certa "mestria". – Este é um dos pontos onde reside a "arte" do analista, pois a emergência dessa mescla de sentimentos é inevitável numa análise, até mesmo pelo fato – e Freud detectou isso de saída... – de que só a rememoração não dá conta do processo analítico, sendo necessária a presença das transferências naquilo que elas comparecem revividas e atualizadas, no aqui-e-agora, da situação analítica. A transferência emerge na abordagem freudiana como um elemento da repetição inconsciente, como submersa às insígnias de um automatismo de repetição. Em verdade, aqui, a transferência está precisamente quando a repetição triunfa sobre o que se poderia ser uma exigência de recordar e colocar em palavras as lembranças esquecidas, que são, para Freud, os preceitos fundamentais ou supostas expectativas analíticas. O psicanalista espera, por meio das associações livres, o ato de rememorar do paciente. Portanto, a transferência opõe à rememoração a repetição. Muito cedo Freud verificou os sentimentos negativos e hostis no desenrolar desse encaminhamento, para depois vir falar em transferência negativa, em oposição à transferência positiva, esta que cria as condições para bom andamento da cura.

A psicanálise se transmite e se resolve na atualidade de um ato, o ato analítico. É na medida em que emerge um dizer na experiência transferencial que se transmitirá a psicanálise. A transferência é uma experiência "essencialmente ligada ao tempo", no sentido de uma temporalidade lógica, que funda e agencia a experiência analítica como o terreno onde habita sua essencialidade, naquilo que se inscreve a constituição de um dispositivo a partir de uma relação de fala, com os efeitos daí decorrentes. O sentido da descoberta freudiana se estabelece, no dizer de Lacan, na medida em que "o inconsciente é a soma dos efeitos da fala, sobre um sujeito, nesse nível em que o sujeito se constitui pelos efeitos do significante" (Lacan, Seminário, livro 11). Daí o tratamento analítico ser concebido como uma relação de fala e a situação que viabiliza que a fala se faça ato é a presença estrutural da transferência.

Como ato de palavra, a transferência, na sua essência, está presente sempre que um homem fala a outro de maneira autêntica e plena. Alguma coisa se passa que muda a natureza dos dois seres presentes: é a transferência simbólica, cuja palavra que a denota nos revela sua dimensão imaginária, dimensão que também é o suporte tão pregnante da relação analítica. Ela indica os momentos de errância e também a orientação do bom método analítico de reencontrar uma mesma conexão, uma mesma relação, "um mesmo esquema, que se apresenta ao mesmo tempo nas formas vividas, em comportamentos, e, também no interior da relação analítica" (Lacan, Seminário, livro 1). Freud, desde o início de sua descoberta, concebeu a psicanálise como um empuxo à interpretação, um trabalho bastante árduo de trazer à luz o recalcado, a saber, os elementos da história do passado de um sujeito nas relações com as estruturas de linguagem. Nas suas primeiras abordagens conceituais sobre a transferência ele a ligava ao fenômeno da repetição. Havia por parte de Freud uma tendência a identificar a transferência à repetição. Coube a Lacan separar e formalizar esses dois conceitos como categorias distintas, inclusive pontuar que a transferência é um expediente que caminha contra a repetição. Para Freud, o que não podia ser rememorado, o paciente repetia em "atos". Justo quando a lembrança não aparece, quando ela não vem, ou seja, quando a lembrança permanece recalcada. Portanto, para Freud, a transferência comparece justo no momento em que o paciente não consegue mais rememorar; ela é recortada a partir de um momento de fechamento do inconsciente: aquilo que não consegue ser rememorado age, aqui e agora , na situação do tratamento. Seria justo nesta inflexão, quando o inconsciente se fecha sobre si mesmo, que o fenômeno transferencial alcançasse sua maior amplitude, sendo, por isto, o momento da intervenção do analista, da incidência de uma interpretação, no sentido de trazer de volta o inconsciente em sua abertura.

A transferência, no curso e percurso de sua estrutura, traz a marca indelével de tudo aquilo que se nomeia "uma questão histérica". Sua descoberta na prática analítica enquanto tal encontra raízes na análise catártica de uma jovem histérica, Bertha Pappenhein, conhecida como Anna O. É o momento em que Freud e Breuer vêm propor uma nova concepção do conceito de histeria como "doença das reminicências psíquicas", justamente por onde se abrem as portas para uma invenção de uma nova abordagem do caso a partir da catarse e ab-reação. Esta jovem histérica introduziu o termo *talking cure* isto é, um tratamento que se realizaria através da fala e utilizou a terminologia *chimney sweeping* para designar aquilo que seria uma espécie de rememoração, uma "limpeza de chaminé". Lacan, retomando o que o próprio Freud já havia nuançado na resistência de Breuer de sustentar o amor transferencial que se estabelecera no dispositivo do tratamento desse caso (– sabe-se da fantasia inconsciente de uma gravidez – pseudociese –, dos entraves que Breuer enfrentou na sua relação conjugal por causa da condução deste tratamento...-), vem encontrar aí os primeiros elementos para articular e formalizar a estrutura daquilo que muito cedo nomeou o desejo do analista.

Esta seria aquilo que comumente nomeamos uma era pré-psicanalítica, em que, através da análise, os sintomas podiam ser suprimidos, fazendo o paciente retroceder ao estado psíquico em que cada um deles havia surgido pela primeira vez. "Neste sentido, diz Freud, surgiam na mente do paciente recordações, idéias e impulsos até então ausentes em sua consciência; uma vez que o sujeito os comunicava ao médico, entre intensas manifestações afetivas, ficavam vencidos os sintomas e evitava-se sua reaparição". A repetição de uma vivência anterior é, literalmente, um traço comum ao método catártico e à transferência psicanalítica. A particularidade da vivência e do reconhecimento da recordação, do afeto e do intelecto, tema principal da técnica analítica, já estão presentes na análise catártica. Mas, o que se evidenciou é que Breuer não conseguiria descobrir as conexões entre a repetição e a relação médico-paciente. Tal como Freud explicou mais tarde, Breuer dispunha, para o restabelecimento de sua paciente, de um intenso " *rapport sugestivo*". Mas, diante deste "amor transferencial", ele se deteve como se estivesse frente a um acontecimento indesejável.

Freud não titubeia ao realizar aí o corte magistral que irá abrir os caminhos originais para a descoberta do que se escreveria como psicanálise. Ele abandona a hipnose e passa daí para a sugestão, para logo em seguida, só-depois, passar para outra coisa. Donde os psicanalistas não cessarem de afirmar que a psicanálise nasce da resistência e dos efeitos negativos da transferência, pois se todos os pacientes tivessem sido hipnotizáveis, a psicanálise não teria existido. Portanto, a psicanálise nasce a partir de uma ruptura radical com a hipnose. Freud reconhece da impossibilidade de se isolar a sintomática de um sujeito em sofrimento, e, com a prática hipnótica, tornava-se possível fazer emergir o sintoma, mas as bases, as raízes, a arquitetura geral da vida psíquica permanecia intocável, a mesma. Daí nasce uma verdadeira concepção de se abordar o inconsciente, onde Freud passa de uma posição de simples atenuação dos sintomas e inventa o autêntico método psicanalítico, por meio do qual o surgimento desse inconsciente era a única via para alcançar a verdadeira organização que provocava os sintomas.

Freud distancia-se cada vez mais de Breuer, fundamentalmente em função de que ele, Freud, passa a atribuir à sexualidade a base estrutural de toda patogenia das neuroses. É de um verdadeiro luto que se trata... e, diga-se de passagem: que coragem ! Freud retrai-se e se priva, levando este gesto de privação às últimas conseqüências. Abandona aquilo que se poderia dizer de uma posição agenciadora calcada no discurso do senhor, essa posição de mestre que até então ele e Breuer preconizavam frente a seus pacientes, deixa de lado o lugar de mestria que o discurso médico lhe outorgava e começa a se distanciar, não muito lentamente, para, a partir daí, no furor de um luto ruminante de vazio e de nadificação, de um lugar de onde, só, ele vivia a humildade de uma solidão desgastante, para então dar a palavra a seus pacientes, e, a partir daí, dar à palavra um lugar mais dignificante, a saber, o lugar de uma autoridade eminentemente simbólica. Por não resistir, mesmo fugazmente pressionado pela sociedade médica vienense, Freud reconhece a fundamental importância da presença do amor de transferência na direção de uma cura e aponta esta transferência como um elemento desconhecido e intrusivo, como um dos pilares estruturais e fundantes de sua descoberta. Por não resistir, ele, Freud, sempre avançava um pouco mais, justamente graças ao que a própria resistência lhe oferecia como obstáculo, na medida em que essas resistências eram nada menos que as respostas subjetivas que os sujeitos em tratamento apresentavam a partir do recrudescimento de sua sintomática, ao longo das experiências que se estabeleciam com a sugestão, catarse e hipnose. Ao abandonar estas práticas sugestivas, Freud dá a palavra ao paciente e espera do sujeito um trabalho efetivo a nível das associações livres. E é nesse sentido, nesse campo de um trabalho da subjetividade desejante do sujeito em tratamento, que ele reconhece a importância do amor de transferência na direção da cura e aponta esse fenômeno transferência como um elemento, que de uma forma ou de outra, levaria o sujeito em tratamento a se dedicar, às vezes até mesmo numa postura servil, ao gozo do analista. É então que, pela cura pela palavra, abre-se um novo campo, o campo do significante:

$$\$ \text{———} S_1.$$

Nos 'Estudos sobre a Histeria', portanto, Freud já tem uma idéia clara da transferência, de sua origem, de sua importância para a técnica e para o tratamento. Não tem ainda um conceito bastante amplo de seu alcance, posto que separa dela os obstáculos que constituem as reações persecutórias e as defesas contra a dependência. Entretanto, faz uma descrição adequada dos fenômenos, vinculando a transferência à emergência do mesmo afeto pelo qual, originamente, e sujeito rechaçou o desejo inaceitável, a transferência sendo aí uma defesa contra um afeto penoso, relacionado com um afeto reprovável.

A partir do caso Dora emerge uma significação mais precisa e amadurecida do conceito de transferência. Freud aponta "as transferências como reedições ou repetições dos impulsos e fantasias que vêm de ser despertados e tornados conscientes durante o desenvolvimento da análise e que carregam como particularidade de sua espécie a substituição de uma pessoa anterior pela pessoa do médico". São experiências psíquicas passadas que voltam à vida, mas já não são como passado, mas sim como relação atual com a pessoa do médico. Em alguns casos, a transferência é, com exceção do objeto, idêntica à experiência original; em outros, uma influência moderadora, a sublimação tendo modificado seu fim ou seu modo de expressão. O médico não cumpre papel algum em sua produção, mesmo que o paciente se agarre a detalhe reais. A origem da transferência está na origem do processo neurótico, a cura interrompe não a produção de novos sintomas, mas a produtividade da neurose: "Atua na criação de uma nova ordem especial de produtos mentais, inconscientes em sua maior parte, aos quais podemos dar o nome de transferências"; O paciente atua em vez de recordar. Com as transferências, pois, o paciente coloca obstáculos de toda ordem, de tal modo que o material pode resultar inacessível ao tratamento. O diagnóstico é tanto mais difícil, posto que o médico não pode contar com a colaboração do paciente, como ocorre, por exemplo, com os sonhos: tem que guiar-se por levíssimos indícios e evitar as deduções arbitrárias. Tecnicamente, a análise e a destruição constante da transferência condicionam o êxito da investigação e do tratamento: "Na psicanálise e por conseqüência de uma distinta disposição dos motivos, são despertados todos os impulsos, também os hostis, e utilizados, tornando-os conscientes para fins da análise, ficando logo destruída em todo caso a transferência. A transferência, destinada a ser o maior obstáculo da psicanálise, converte-se em seu mais poderoso auxiliar quando o médico consegue advinhá-la e traduzi-la ao enfermo". Do ponto de vista terapêutico, por último, Freud, volta à idéia que havia expressado em A Histeria, de que o trabalho é o mesmo, isto é, o de superar um impulso na relação com o médico ou outra pessoa, mas vai além assinalando a destruição da transferência como condição para o desaparecimento dos sintomas.

A autocrítica de Freud revela o conceito que ele tem da transferência nessa época. No caso Dora isto é claro porque o tratamento foi curto, por causa da interrupção que foi prematura. Esta interrupção se deve ao fato de Freud, cuja advertência anterior de que a cura exigiria um ano de tratamento, não havia encontrado objeções, não conseguiu dar-se conta, a tempo, da transferência. No princípio, via-se claramente que Freud substituía o pai, com quem Dora o comparava continuamente, perguntando se ele era sincero com ela, enquanto o pai "preferia sempre o mistério e os caminhos tortuosos". Dora desloca e transfere para a figura de Freud as críticas constantes e as ofensas que faria a seu pai quando da época do tratamento. Por ocasião do primeiro sonho, Freud não se deu conta da advertência que lhe fazia Dora: que seria melhor para ela deixar o tratamento como havia deixado anteriormente a casa do Sr. K.. Nesse momento, Freud devia ter-lhe mostrado que ela estava realizando uma transferência do Sr. K. para ele. Lacan vem nos mostrar, nos vários momentos em que aborda o caso Dora, na medida em que este caso é tomado por ele como o paradigma da histeria, que Freud se precipita ao atribuir um lugar simbólico à relação com o Sr. K., sendo que em verdade, o que se estabelece, de fato, é que ele ocupa o lugar de *eu* de Dora, e que o verdadeiro objeto de desejo de Dora é a Sra. K.. Faltou justamente a Freud inserir a pergunta, necessária pela lógica da estrutura que ali se desenhava, *quem* desejava em Dora?. Para se referenciar adequadamente na condução deste tratamento, Freud não poderia responder antecipadamente à questão de Dora, a saber, a questão estrutural de uma histérica, que coloca no bojo mesmo de uma boca de cena a pergunta: *o que quer uma mulher?*, ou seja, *o que é ser uma mulher para um homem?*. A partir do Seminário "*O eu na teoria de Freud e na técnica da psicanálise*" , Lacan irá preconizar a importância de se delimitar o Outro como lugar de garante da boa-fé da fala, onde se inscreve um mais além do *eu* e do *outro* a quem se dirige o sujeito sempre que fala a um outro. A situação analítica cria as condições necessárias para que se desvele, na análise, o encaminhamento que o sujeito realiza em direção ao Outro, para que o sujeito demarque a que Outro ele se dirige, e esse encaminhamento é o que se poderia dizer de uma boa maneira de conceber a direção de uma cura, naquilo que se anunciaria como uma *abertura à transferência.* O encaminhamento de uma direção da cura está na dependência de um ato do analista no sentido de que - e isso desde as primeiras entrevistas – *o outro se desvele como Outro.* Esse encaminhamento, cujo estatuto se inscreve como a estrutura mesma do processo analítico, denota aquilo que constitui o campo aberto para que se estabeleça *uma retificação subjetiva,* no sentido de se criarem as condições necessárias para que a sintomática do sujeito seja traduzida a partir da e pela transferência, transferência esta que se passa no sentido de se atualizar uma historicidade particular de um *Outro em direção ao eu do sujeito.* Esse processo, que *não-é-sem a transfe-*

rência, tem como condição "de o eu do analista não estar aí, unicamente com a condição de o analista não ser um espelho vivo, porém um espelho vazio, o que se passa, passa-se entre o eu do sujeito – é sempre o eu do sujeito quem fala, aparentemente – e os outros (Lacan, Seminário, livro 2).. O analista baliza-se no *entre-lugar* que se estabelece na cura, no trânsito entre a relação do sujeito e o Outro. Isso já estava, ainda que não formalizado, presente em Freud, fundamentalmente quando ele aborda o fenômeno da transferência. Desde cedo, quando Freud denota a transferência como um *deslocamento*, a saber, um transpor a neurose sobre a pessoa do analista, ele está querendo dizer que as enfermidades psíquicas, passíveis de sofrerem o processo de transferência, são enfermidades na relação com o outro.

Porém, é nos artigos sobre a técnica psicanalítica que Freud irá apresentar o texto 'A Dinâmica da Transferência', onde ele procura fundamentar a transferência como um conceito estrutural do campo psicanalítico, trazendo-nos uma explicação sistemática sobre a transferência. Este texto de 1912 permanecerá como a síntese mais completa sobre o fundamento do dispositivo analítico e o registro mais significativo do período em que o conceito "dinamicista" da transferência tornou-a dependente do princípio do prazer-desprazer. Já, de saída, o texto procura nos mostrar e elucidar porque a transferência surge necessariamente em toda cura analítica e como chega a desempenhar, no tratamento, a função condicionante de uma direção da cura. Podemos, seguindo de perto como se desenvolve o pensamento de Freud, estudar primeiro a explicação da transferência no seu aspecto mais generalizado, para depois, verificar com esta se torna mais específica para dar conta da transferência na análise.

Deve-se compreender que cada sujeito, através da ação combinada de sua disposição inata, ou seja, a demanda, o simbólico, o tesouro dos significantes, a saber, os elementos significantes que se demarcam numa temporalidade lógica na constituição do desejo do Outro na estruturação do desejo de um sujeito e das *influências sofridas durante os primeiros anos* , quer dizer, os objetos que se arrolam no plano do imaginário, conseguiu um método específico próprio de conduzir-se na vida erótica – isto é, nas pré-condições para enamorar-se que estabelece, nas pulsões que satisfaz e nos objetivos que determina a si mesmo no decurso da vida. Quer dizer, a capacidade de amar do sujeito se caracteriza por uma reiteração constante através de toda a vida, de um clichê ou de um estereótipo (ou uma série deles), que determina as condições dessa capacidade de amar, bem como as necessidades e os fins que deverá satisfazer. O clichê ou estereótipo que determina esta reiteração é a resultante da ação conjunta disso que Freud nomeou, utilizando uma metáfora, da disposição congênita e dos acontecimentos estruturantes da vida. É suscetível também de alguma modificação, sob a ação de impressões recentes. Na formação deste clichê, as tendências libidinais satisfeitas se desenvolvem e se voltam para a realidade, as tendências frustradas ficam detidas em seu desenvolvimento, desprendem-se na fantasia, ou permanecem confinadas no inconsciente, à espera de alguma oportunidade. Freud fala, a respeito, de introversão da libido, de regressão, de reanimação, de imagens infantis. *Em todo sujeito cuja necessidade de amor não está suficientemente gratificada pela realidade, as tendências libidinais que esperam são despertadas inevitavelmente quando o sujeito entra em contato com um novo objeto.* É muito provável que as duas porções de sua libido, a consciente e a inconsciente, participem desta atitude. Pode-se dizer que aqui Freud irá utilizar, mesmo que implicitamente, da seqüência cabível, fixação, frustração e regressão.

Resumidamente, pode-se dizer: 1) uma parte da libido passou por todo processo de desenvolvimento e está à disposição do sujeito para aplicá-la; 2) outra parte permaneceu em instância, foi retida no curso do desenvolvimento e/ou no inconsciente. Se a necessidade de amor não é inteiramente satisfeita pela realidade, ele está fadado a aproximar-se de cada nova pessoa com idéias libidinais já prontas, dadas antecipadamente. A catexia libidinal do sujeito insatisfeito está pronta por antecipação e numa psicanálise se ligará (enganchará) ao significante que representa o analista. A catexia incluirá o analista numa das séries psíquicas que o sujeito já formou.

Aqui já se tem uma idéia mais precisa do fenômeno transferência: trata-se de um momento espontâneo e fecundo que ocorre na situação analítica, onde o paciente imputa ao seu analista um certo número de posições estabelecidas, na constituição mesma de uma subjetividade desejante, nas quais se reconhecem as marcações significantes que se inscrevem como uma verdadeira historicidade dos Outros primordiais do sujeito. Estas posições estabelecidas, como verdadeiros tempos lógicos que inserem as marcas de um desejo do sujeito pelo desejo do Outro, imantará, aí, as insígnias do analista, no sentido de, ao mesmo tempo, promover uma estagnação da dialética analítica, como também presentificar as séries significantes que constituem a realidade do inconsciente do sujeito. Ao comentar o caso do 'Homem dos Lobos', justo no ponto de incidência da interpretação que reincide num atravessamento do plano das identificações, num capítulo onde se enuncia "da interpretação à transferência", Lacan irá nos lembrar que a cada etapa constituinte da vida de um sujeito, "algo veio, a cada instante, manejar o valor do índice determinante que constitui esse significante original. Assim é percebida propriamente a dialética do desejo do sujeito como se constituindo pelo desejo do Outro. Lembrem-se da aventura do pai, da irmã, da mãe, de Groucha a empregada. Tantos tempos que vêm enriquecer o desejo inconsciente do sujeito de algo que deve ser posto como significação constituída na relação ao desejo do Outro..."(Lacan, Seminário, livro 11). O progresso todo do caminhar analítico, aquilo que se poderia nomear como que de uma *ascese*, consiste no deslocamento progressivo desta relação, onde *tudo-não-é-sem* o trabalho de transferência, pois a transferência é um fenômeno em que "estão incluídos, juntos, o sujeito e o psicanalista", (Lacan, Seminário, livro 11).

Os pacientes quando procuram uma análise, o fazem porque as outras tentativas de busca de alguma coisa para aliviar seu sofrimento estão esgotadas. Acredito que até mesmos *esses uns* que, de saída, já procuram uma análise com a intenção de se realizar uma formação analítica, também estão nesta mesma ordem..... procuram uma psicanálise porque já esgotaram todas as outras tentativas possíveis e imagináveis. Pois bem, todo e qualquer sujeito quando chega a uma análise, chega até ela porque há coisas que o fazem sofrer. E não é um sofrimento em vão, é sofrimento mesmo! Sofre de coisas que se inscrevem numa particularidade das mais intrigantes que se possa imaginar... sofrem, e como sofrem! Este sofrimento só um psicanalista poderá alcançar. Qualquer pessoa que esteja de fora do processo analítico jamais poderá entender o que ali se passa, jamais poderá entender a lógica mínima que dá sustentação a essa relação transferencial que se processa e dá suporte ao enquadre analítico. *Somente um psicanalista poderá alcançar o sofrimento de seu psicanalisando.* É um fato estranho – e porque não dizer também paradoxal – isso que se estabelece na queixa pela qual se apresenta o sofrimento de um paciente que demanda uma psicanálise: ele vem pedir uma análise porque existem coisas que lhe provocam dor e sofrimento, essas coisas que se repetem, onde o sujeito, no seu agenciamento fantasmático, não cessa de reincidir sempre no mesmo ponto, buscando provocar um sofrimento a si mesmo, mas que não adianta buscar este ou aquele artifício, pois trata-se de um submetimento a uma estrutura que é mais forte que ele mesmo, o extrapola, o extravaza e... em relação às quais o paciente estará sempre sob o efeito de uma divisão. Isso mesmo, ele estará sempre dividido: vocês entendem isso? DIVIDIDO! Vale dizer: é ele, mas contra ele mesmo. *Ele, apesar dele mesmo*! Lacan, ao se referir a esta constatação freudiana, declara o caráter problemático da demanda que se endereça a um psicanalista: "O que é que pode, no final das contas, levar o paciente a recorrer ao analista para lhe pedir algo que ele chama saúde, quando seus sintomas – a teoria nos diz isto – são feito para lhe trazer certas satisfações?" (Lacan, Seminário, livro 11). Isso permitiu a Freud redimensionar sua descoberta sobre o inconsciente, caminhando para um *mais além do princípio do prazer*, para assegurar a pertinência de uma p*ulsão de morte,* na marcação estrutural de um circuito pulsional – e é esta a pulsão que está no início e no final deste laborioso circuito da pulsão – lançando a tese, que se verificará à partir de uma clínica com ética, que o sujeito, muito antes de qualquer direcionamento da sua agressividade para um "exterior", ele a dirigirá contra si mesmo. Freud se atreve a registrar essa divisão real de um sujeito e afirma que o paciente goza justo naquilo do qual se queixa. Se isso se constitui como um horror, o analista, na transferência, é o que encarna o ponto de saber que daí emerge, ou seja, das entranhas mesmas de um real traumático, por essência. Nesse ponto de sofrimento, o sujeito, portanto, estará sempre dividido, naquilo que se constitui a sua própria divisão subjetiva. É como se faltasse um saber, ele sofre porque lhe falta algo, falta um saber. Vejam bem, esse ponto é fundamental para que possamos nos aproximar daquilo que Freud irá enunciar como o seu conceito de transferência, na dupla versão, de uma resistência ao bom andamento de uma cura, como também como condição dessa mesma cura. Falta um saber, justo naquilo que se inscreve como uma *lembrança esquecida*, que porta as marcas de um gozo traumático, que cai nas malhas de um recalque "apaziguador". Um saber sobre o qual o sujeito sabe o bastante para se esforçar por esquecê-lo, diz Lacan. O paciente se encaminha a uma análise em busca daquilo que ele não sabe...ainda. O analista, como objeto da transferência, oferecerá um lugar vazio, justamente para que o desejo do sujeito em análise se realize e se articule como desejo do Outro. Portanto, o paciente vai em direção a uma análise à procura daquilo que ele não sabe e vai encontrar aquilo que lhe falta. O que permite essa construção é a resposta que o analista dá ao endereçamento do amor de transferencia: o analista faz semblante de um objeto a, que lhe é dado transferencialmente pelo paciente e, ao colocar em ato o silêncio como uma estrutura fundante do dispositivo analítico, ele permite que, desse amor de transferência, possa advir o desejo... desejo de nada, que não é desejo de nenhum bem, mas simplesmente a pura e simples emergência de algo que, como resposta que subverterá todo dispositivo analítico, só será demarcado como um lugar, recortado na estrutura da fantasia particular de um sujeito. Donde se pode afirmar que o analista, ao ocupar o lugar de agente do discurso analítico, ele o fará ocupando a função de um objeto *causa de desejo*... do analisando, pois isso permitirá, no movimento transferencial, que o paciente seja colocado num trabalho incessante de sua subjetividade desejante, fazendo prevalecer a repetição de sua cadeia significante. Importa enfatizar, e quanto a isso Freud não cessou de nos lembrar, que há um poder na direção da cura e ao analista , ao ocupar o lugar de quem dirige a cura – o que é totalmente distinto de dizer que ele dirige o sujeito em análise –, pelo desdobramento que se instaura aí, será conferido um lugar de poder. Sabemos que não há reciprocidade entre uma e outra posição, entre o lugar do analisando e aquele que é dado ao analista ocupar: há uma dissimetria tanto dos lugares a serem ocupados como também das responsabilidades a serem desempenhadas por cada um no dispositivo analítico. Por isso mesmo não é nada fácil de se estabelecer como o analista irá se virar frente a esse desconforto que lhe outorga uma estrutura transferencial. O analista ocupa um lugar de mestre... do discurso em ação e isso se estabelece a partir de um paradoxo: ele, o analista, jamais irá ocupar esse lugar enquanto mestre, isso jamais poderia acontecer, pois seria o seu avesso, ele ocupa o lugar de mestre, mas enquanto objeto, para não cair nas armadilhas, nos embustes que é isso tudo que se nomeia como um amor de transferência. O encaminhamento estrutural do dispositivo analítico está na dependência do que verdadeiramente se passa na escrita do discurso analítico, na medida em que o analista, no seu ofício de analista, terá que freqüentar os desdobramentos de uma antinomia transacional entre uma *subjetividade desejante*, como estrutura de trabalho psicanalisante, e o que se coloca em ato de uma *objetividade do desejo do analista*. É a partir daqui que se dá a lógica máxima de uma posição estrutural do amor de transferência, a saber, O SUJEITO SE FAZ OBJETO AMÁVEL, posição engenhosa e astuta de todo e qualquer psicanalisando, na medida em que procura presentificar o analista no lugar do Outro como ideal do eu, por meio do suporte de um traço distintivo a partir do qual o sujeito se posiciona para se ver amável; do outro lado, a resposta do analista, como não-resposta que introduz a dimensão da falta, ou seja, a dimensão da falta do Outro. Por isso mesmo, a manobra da transferência se escreve como o psicanalista tendo que regular entre *o ponto em que o sujeito em análise se vê amável e o ponto, traumático por essência, de onde se vê produzido como falta*. O sujeito só existe por conta dessa causa, daí que o trabalho analítico de uma interpretação está no sentido de se delinear uma determinação do sujeito, na medida em que a transferência, fundamentalmente no mar do amor, incita a uma constante indeterminação do sujeito.

Nos *quatro conceitos fundamentais da psicanálise*, teremos a pulsão como precisamente essa montagem pela qual a sexualidade participa da vida psíquica, de uma maneira que se deve conformar com a estrutura de hiância que é a do inconsciente. A experiência analítica nos é apresentada a partir de dois extremos: de um lado, está o recalcado primordial, que é um significante, e o que se edifica por cima, constitui o sintoma, como um andaime de significantes. Recalcado e sintoma, são, portanto homogêneos e redutíveis à função de significantes. Na outra extremidade, há a interpretação, como uma estrutura temporal especial, que se denominará a metonímia, ou seja, é idêntica ao desejo. O desejo é, em suma, a própria interpretação. No intervalo, está a sexualidade: "se a sexualidade, em forma de pulsões parciais, não se tivesse manifestado como dominando toda a economia desse intervalo, nossa experiência se reduziria a uma mântica à qual o termo de energia poderia então convir, mas onde faltaria o que constitui ali a presença, o *Dasein*, da sexualidade"(Lacan, Seminário, livro 11). Um ponto nos causou estranheza, que é o fato de não constar aí, nessa estrutura da situação analítica, a presença da transferência. Sabemos, pelo próprio Lacan, que *a transferência é a atualização da realidade do inconsciente enquanto tal, sendo esta realidade sexual.* Isto nos leva a supor que é neste intervalo, onde se presentifica o inconsciente como uma estrutura, que verificamos esta inflexão da presença do momento transferencial, naquilo que se recorta de uma estagnação da dialética analítica, à espera de uma intervenção do analista a partir de uma interpretação. O inconsciente lacaniano se inscreve como um *saber sem sujeito*, real, inconsciente, este que carece de uma inscrição da diferença sexual: inconscientemente eu não sei se gozo como homem ou como uma mulher... essa diferença sexual o sujeito a apreenderá na relação com o Outro, a partir do simbólico, a saber, seguindo os passos de uma estrutura do Édipo. Daí Lacan afirmar que "não existe a relação sexual" e esse ponto de uma sexualidade que habita o intervalo entre o recalcado *primordial e a interpretação* acima citado, ele só poderia se apresentar a partir da inscrição de uma hiância, quer dizer, uma *falta estrutural.* Pois bem, a transferência, naquilo que se inscreve como um amor de transferência, só tem como objetivo tamponar essa hiância, essa falta tão escandalosa que é o fato de não haver relação sexual. Nesse buraco – onde a repetição marca sua insistência a partir de um encontro sempre faltoso do real –, nesse buraco, aqui se instala o sintoma, não sem algumas conseqüências no perímetro da vida desejante de um sujeito particular. Se aqui se insurge essa *outra cena* como um "o que isso quer dizer?" – interrogação remitente de uma instalação sintomática derivando um verdadeiro furo nas significações – a transferência é a aposta, a suposição de que o saber que daí advém irá cobrir o real do trauma sexual. A denotação que se evidencia sobre a transferência em sua formalização graças ao esquema L, apresenta este elemento como algo que passa do Outro ao eu do *sujeito*. O que se inscreve a partir de uma falta de saber, que será o ponto conclusivo de Lacan sobre a transferência , na sua teorização do conceito de *sujeito suposto saber*, será explicitado de uma forma bastante clara e precisa muito antes, por ocasião do Seminário "*O eu na teoria de Freud e na técnica da psicanálise*": "o sujeito, a todo momento, pode apreender, para além do muro da linguagem, como sendo a transferência, que é dele e onde ele não se reconhece. A análise consiste em fazê-lo tomar consciência de suas relações não para com o eu do analista, mas para com todos esses Outros, que são seus verdadeiros fiadores, que respondem por ele e que ele não reconheceu. Trata-se de o sujeito descobrir progressivamente a que Outro ele verdadeiramente se endereça, *apesar de não sabê-lo*, e de ele assumir progressivamente as relações de transferência no lugar onde está, e de onde, de início, *não sabia que estava* – Wo Es war, soll Ich werden... No fim da análise, é ele quem deve estar com a palavra e entrar em contato com os verdadeiros Outros".

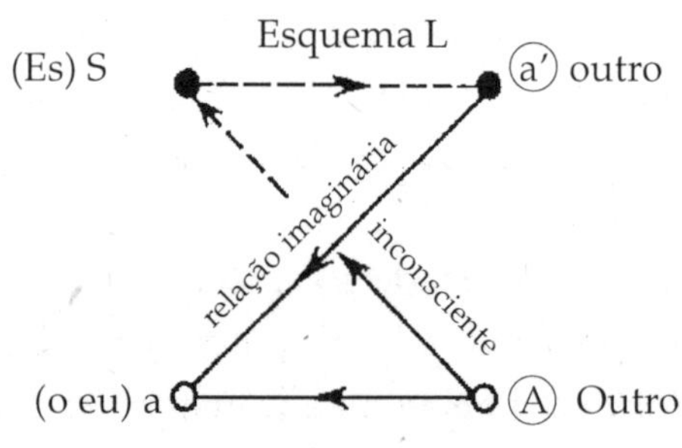

Este movimento transferencial, Freud, já no início de sua descoberta observa, não sem um certo aturdimento, que ele é verdadeiramente espontâneo na conduta de uma cura. Ele observa e faz referência a esse fato, que a transferencia desabrocha-se por si só. Mais ainda: ela não depende de nenhuma característica, ou até mesmo de nenhum traço pessoal ou real do analista. O aturdimento de Freud no início de sua descoberta, nós podemos verificar isso nos seus depoimentos, deveu-se, não ao surgimento da transferência propriamente dita, mas simplesmente aos embaraços que esta causava em função dos sentimentos que daí brotavam, a saber, o amor. Se a aplicação do conceito de transferência é concebida como alguma coisa da ordem do fundamental, podemos dizer realmente que o que se traduz como verdadeiramente instigante é o que Freud irá recortar como o *amor de transferência*: trata-se do caráter perturbador da transferência, como uma descoberta surpreendente em relação à transferência, a elucidação dos sentimentos que ali emergem, justo como resposta a uma parada das associações, para se fixarem na "pessoa" do analista. Trata-se, justamente, de um ponto paradoxal, um verdadeiro nó, na medida em que a transferência é uma resistência que irá interromper a comunicação dos processos inconscientes e, ao mesmo tempo, ela é o momento e o tempo fecundo da aparição do inconsciente, à espera de uma efetividade da intervenção do analista, ou seja, ela é o momento ideal onde a interpretação do analista, esta intervenção que visa ao inconsciente enquanto tal, assume o seu alcance máximo. Para Lacan, então, a transferência é um nó, na medida em que apresenta esta propriedade, esta inflexão, esta presença um tanto quanto paradoxal. E o amor de transferência surge justo no momento em que o sujeito, engajado no processo associativo, não pode reconhecer o inconsciente. Nos "*Quatro conceitos fundamentais da psicanálise*", vemos o amor como uma tapeação, uma captação imaginária do desejo do analista: "Que maneira melhor de se garantir, sobre o ponto em que nos enganamos, do que persuadir o outro da verdade do que lhe adiantamos! Não está aí uma estrutura fundamental da dimensão do amor que a transferência nos dá ocasião de imajar? Ao persuadir o outro que ele tem o que nos pode completar, nós nos garantimos de continuar a desconhecer precisamente aquilo que nos falta. O círculo da tapeação, enquanto que não nomeado, faz surgir a dimensão do amor.... pois não é isto o que causa radicalmente o fechamento que comporta a transferência. O que a causa é o que designei pelo objeto a". Portanto, o amor de transferência, ele mesmo não se constitui, como somos induzidos a pensar, como a causa do fechamento do inconsciente, mas sim, como o seu efeito. Efeito de uma necessidade do sujeito, no momento das associações livres, de uma parada do trabalho analítico, no sentido de se reter um saber, *um saber que não se quer saber* (e aqui encontramos a fundamentação neurótica de supor um saber no outro, de supor que o outro sabe, de se manter um... *sujeito-suposto-saber*) um saber, nos diz Lacan, que o sujeito, por saber tanto, necessita se esforçar por esquecê-lo. Nesse sentido, para Lacan, o amor de transferência será nomeado como um efeito de transferência: "Aquilo que surge no *efeito de transferência* se opõe à revelação. O amor intervêm em sua função aqui revelada como essencial, em sua função de tapeação. O amor, sem dúvida, é um efeito de transferência mas em sua face de resistência. Estamos presos em esperar esse efeito de transferência para poder interpretar e, ao mesmo tempo, sabemos que ele fecha o sujeito ao efeito de nossa interpretação. O efeito da alienação em que se articula na relação do sujeito ao Outro, o efeito que somos, é aqui absolutamente manifesto"(Lacan, Seminário, livro 11). O passo inicial da articulação de uma estratégia da ação do analista é, nada mais nada menos, que oferecer o semblante de um sujeito-suposto-saber ao amor, no sentido de se criarem as condições necessárias para que o "enamoramento" analítico se estabeleça. Lacan lança o conceito de sujeito-suposto-saber em 1964, a propósito dos *Quatro conceitos fundamentais na psicanálise.* Não se pode dizer que esse conceito estivesse presente em Freud, pois realmente nós não o encontramos em sua obra, mas esse conceito é, em verdade, alguma coisa essencialmente freudiana, pois ele é uma conclusão lógica que Lacan infere da essência mesma da descoberta freudiana. "Desde que haja sujeito-suposto-saber, há transferência" diz Lacan, e este sujeito-suposto-saber é o pivô mesmo com respeito ao qual se articula tudo o que tem haver com a transferência. O analista é suposto saber a partir do encontro do desejo inconsciente, fundamentalmente sobre as significações que aí se inscrevem. Ele é uma dedução lógica, por assim dizer, de todo o procedimento freudiano, naquilo que se depreende de uma constituição do dispositivo analítico: "aquele em quem eu suponho o saber, eu o amo". O analista sabe – e isso por experiência da sua própria análise ...desde que ele tenha realmente chegado ao final, é lógico –, que o sujeito-suposto-saber não existe enquanto tal e que esta função é uma necessidade estrutural do dispositivo da cura, uma suposição por parte do psicanalisando apegado a uma crença de que existe um sujeito no inconsciente. O analista, ao ocupar esse lugar, faz as vezes de um sujeito-suposto-saber, mas ao qual em hipótese alguma ele poderá se identificar: o sujeito-suposto-saber é um puro efeito da estrutura mesma da situação analítica. O sujeito-suposto-saber não é, de modo algum, como até poderíamos imaginar, que o paciente, este que vem pedir uma análise, pudesse supor que o psicanalista sabe tudo. Não é bem assim. Quantas vezes não presenciamos enormes decepções. Isso tem a ver com uma suposição que diz respeito ao saber inconsciente, saber sobre a verdade do desejo de um sujeito particular. Lacan, em 1978, afirmou, após apresentar algumas variações do sujeito-suposto-saber, que "o sujeito-suposto-saber é alguém que sabe, ele conhece o truque, a maneira como se cura uma neurose".

"Sobre a neurose do novo"

ou "A febre dos nervos de uma neurose estética" [1]

Celso Pereira de Almeida

Psicanalista. Membro da Escola Lacaniana de Psicanálise – R.J.

"Não importa onde, fora do mundo"

(Stéphane Mallarmé)

O que é um caso? E, antes de tudo, o quê e quem se apresenta, quando se dá a público um caso. Se quem conta um conto sempre aumenta um ponto, na tentativa de contar o incontável, convenhamos que este que conta aí se conta. Assim, para além da memória, reconheça-se a invenção, que não é qualquer, já que é sintomaticamente sobredeterminada. Todo caso é ficção, com o peso do real que carreia...

A feição desta apresentação obedece certamente à minha escolha, mas quer inserir-se na discussão prévia sobre fobia, pânico, medo e angústia.

1 – Inibição:

A cidade é velha. Está ali há tanto tempo; desde sempre? Parece. Uma Bruges, morta-viva, jazendo entre a cercadura de morros, iguais, e que se repetem ao infinito. Calma e langor. Lívidas auroras e pálidos crepúsculos. As mesmas horas pendem dos toques dos mesmos sinos, repetidos. Rosmaninho e arnica, roxas flores da paixão. Por entre os telhados, de um mesmo tom, escorrem rios, lentos; até mesmo seus transbordamentos sucedem-se a espaços previsíveis. Sem surpresas. No fundo das lagoas, debaixo das ninféias, ondulam cabelos verdes – morada de sacis, sapos e mães-d'água. Elfos? Talvez. Neblina também tem, borrando tudo em sua aguada. Vendo, não-vendo. Nos pátios escorregadios, onde a pedra-sabão

[1] Este caso clínico foi apresentado na Escola Lacaniana de Psicanálise a partir das discussões suscitadas pelo trabalho "Esboço sobre a angústia"

se perfuma de chulé-de-rei, as lagartixas acordam com o barulho de pequenos tamancos de madeira, apenas para que recomecem o mesmo/outro sono, nos muros de avencas e resedás. Gelosias. Tardes de alfenins e camélias. No ar dos pardais um cheiro de jasmim, doce e quente, flutua nos braços de um exercício de piano: notas ascendentes e descendentes da escala sempre igual. U'a máscara de lantejoulas, rosa e azul, descansa sobre a almofada de crochê. Mística atmosfera de pensamentos conventuais, pré-rafaelita. Ketelby faz por completar a paz de uma feliz cidade.

Na fazenda, por detrás das sólidas janelas de madeira maciça, a noite é contida entre as paredes, insuportavelmente escura. A criança precisa que pelo menos um cintilar de estrela visível ali se torne, para que possa voltar a respirar... Sonhos povoados de lobisomens e mulas-sem-cabeça. Pesadelo? Com os olhos abertos isso passa. Veja, veja, não há nada! A lua é tão grande entre as boninas... A avó, de Whistler, no borralho...

Silencioso meio-dia, elétrico cristal em fusão. Pios de azulões, zumbidos de abelhas, vento que derruba mangas entre os poejos do quintal. Tudo se somando num vazio sem tamanho. Coisa alguma pulsa neste espaço. A voz, trancada na garganta... presságio! Medo! Caipora.

O que foi que caiu no alçapão?

2 – SINTOMA:

A par da excentricidade dos seus hábitos de vida e dos seus gostos estéticos, o tédio é um traço definitivamente marcante do nosso herói. A proliferação de um visível esteticismo, levado às últimas conseqüências, no entanto, contrasta polemicamente com o que ele mesmo nomeia como sendo sua busca de um termo médio.

Todavia, não lhe escapa que o preço da abundância é a saciedade, e que o preço da saciedade é este tédio, tomado como motor de um obrigatório e progressivo refinamento de prazeres e exacerbações. Por contraluz, anuncia-se no processo o caráter de inevitabilidade das manobras ao mesmo tempo que a inutilidade inerente a esse fugir. Mas, é necessário saber para não-saber, o que ele sustenta lindamente pelas palavras tomadas de empréstimo a Gustave Flaubert: "Busco novos perfumes, flores maiores, prazeres não-experimentados".

Isto não é dizer que a este refinamento dos sentidos falte uma "certa dimensão ética", até mesmo algo de uma índole crítica. Senão vejamos: se é fundamentalmente no campo do sexual que tudo parece centrar-se, tal dimensão comparece no meio das aventuras ali forjadas – depois de ter se fartado dos acepipes sexuais carnais, com seu apetite de homem caprichoso, o gentil cavalheiro se vê a braços com o que chama de "letargia dos sentidos", a qual minimamente o adverte da impotência cada vez mais próxima... Porém, algo o constrange (*zwang*) a continuar, ainda que sob as aparências da liberdade, a manter-se nessa luta vã, pelo recurso a estratagemas eróticos planejados com requinte. Não se trata de outra coisa no caso da acrobata de circo por quem se sente atraído, sob o acicate de um sentimento que acha difícil definir, talvez surgido da imagem andrógina da dançarina: imagina-a fazendo papel de homem, por sua brutalidade de atleta, para que possa experienciar uma espécie de feminização (e tal feminização imaginária parece culminar num arremedo de amizade plena de desconfiança, que faz deslizar em direção a um jovem estudante, a quem encontra como que por acaso na rua, relação eivada de riscos, mas que lhe provoca uma "dolorosa experiência de satisfação").

A esta altura impõe-se notar que estas ditas extravagâncias da carne, principalmente, constituem um campo de excogitação, de qualidade quase que puramente cerebral: o nobre senhor não parece movido por qualquer urgência instintual, o que se ouve é capricho da inteligência, sofrido gozo da *cosamentale*.

Eis que aqui se denuncia a marca de fábrica do horror a uma vida "em bruto", como ele mesmo diz. Em algum lugar, Lacan faz referência ao escritor que tematiza este ponto, o grande Villiers de L'Isle-Adam – é um personagem saído de sua pena, nomeadamente Axel, quem lança este grito: "Viver? Nossos criados farão isso por nós!" Nosso personagem o inscreveria de bom-grado em seu brasão-d'armas...

A vida "em bruto" então se ritualiza, para um tal sacerdote do simbolismo, na atividade compensatória de construção de sutis castelos no ar.

A exacerbação extrema deste procedimento, feito para contrapor-se ao "naturalismo dos outros", acaba por constituir-se naquilo que receberá deste senhor a alcunha irônica de "doença", sua "neurose estética do novo", com a ambigüidade que esta própria denominação engloba. Surge aí seu modo de definir esse *Zeitgeist*, essa "febre dos nervos" tão característica de um tempo anterior, o século dezenove, à qual Freud dará seu arcabouço definitivo.

O percurso individual pode ser imajado nesta rota de fuga, que conduz por automatismos a um tipo de Tebaida monacal da mente, a uma recusa da vida dentro da vida própria, a qual no entanto se mostra, no decorrer do tempo, absolutamente ineficaz como possibilidade efetiva de sustentação, e que o conduzirá a um portador de tal suficiência, muito a contra-gosto, à tentativa de formulação de uma súplica a um outro...

Ainda assim, mesmo a "explicação da sua neurose" é da ordem do excepcional: não se trata de algo que assolasse o comum dos mortais, mas sim de um quadro que hipoteticamente se desenharia no campo de uma hereditariedade de exceção, de uma singular moléstia que "atacaria as raças de sangue exaurido". É necessário ver-se como um "último descendente de uma antiga casa, anêmico e neurastênico, de uma linhagem cujo resto de vigor se fora exaurindo ao longo dos séculos, em pretensas uniões consangüíneas". Filho único de um pai distante, de um déspota que muito cedo morre, e de uma mãe que passeava seus achaques na penumbra melancólica dos corredores...

A sintomatologia se traduz sobretudo numa "hiperestesia", numa "superexcitação" mental a que se seguem períodos de profunda prostração física, acompanhada de exageros de erudição, perpetrados num isolamento crescente, que a ele se impõem, de "sonhos de uma complicação barroca, onde se mesclam visões tanto lânguidas quanto atrozes". Há um gosto do malsão, de um perversismo que encadeia seus olhos nas manifestações fantásticas da arte, de que testemunha sua fixação na exemplar "Salomé" de Gustave Moreau. (vide apêndice).

Neuroticamente visionário, encastelado, murado entre as ameias de um imaginário *art-nouveau* e decadentista, o cérebro deste homem não demonstra a menor dificuldade em substituir a realidade comum dos fatos por réplicas quase delirantes mais "satisfatórias" que aquela.

Porém, não deixa de ser curiosa e complexa sua relação com o artifício, simultaneamente definido como "a única paixão que marcasse distintivamente o gênero humano", e "como a manifestação de ímpetos no rumo de um ideal, de um universo desconhecido, de uma beatitude longínqua". Mas é sua ânsia crescente, apesar de tudo, que só faz pontificar a funda insatisfação subjacente, a impossibilidade de trafegar no mundo...

Mas, mesmo assim, isso dura, embora nos cantos excusos as aranhas teçam suas teias: o lento e intratável esboroamento da gaiola dourada está em andamento; a caliça dos ouropéis despencada faz ceder, por seu peso inconsútil, o piso de mosaico quase bizantino... ou os pátios de pedra-sabão. O real bate à sua porta, algo caiu irremediavelmente no alçapão...

3 – Angústia

De nada lhe valiam mais os seus pobres ardis. Infiltrando-se por entre a trama deles, esgarçada, algo retomava seu curso. Fenômenos desconhecidos o assaltavam. "Depois dos pesadelos, das alucinações do olfato, das perturbações da visão, daquela tosse rebelde e pontual como um bom relógio, dos batimentos fortes do coração e das artérias, e dos suores frios, surgiram as ilusões da audição..." "Minado por uma febre ardente ... sentiu o cérebro delirante arrastado por turbilhões musicais, que o punham a redemoinhar nos acessos místicos de sua infância". Reconheça-se aí uma última e vã tentativa de perpetuar um sentido para o que lhe acontecia...

Mas "... a pouco e pouco, tais alternâncias de alarmes e de esperanças que lhe sacolejavam a cabeça oca se acalmaram..." Tais choques, porém, terminaram por abatê-lo. O resultado foi que caiu num sono de cansaço, atravessado de sonhos incoerentes, numa "espécie de síncope entrecortada de despertares sem conhecimento; havia de tal modo perdido a noção dos seus desejos e temores que permaneceu aturdido..."

E foi a percepção desse estado de aturdimento que fez com que aqueles poucos admitidos à sua presença, "alguns serviçais", tomassem a iniciativa de chamar um médico. Como era de se esperar, a relação com alguém que vinha até ele, que lhe ouvia os queixumes, e que mais que isso, lhe prescrevia tanto uma nova dieta quanto alguns tranqüilizantes leves, de certo modo produziu-lhe um efeito de restauração: "... pôde ficar de pé no seu quarto e tentar dar alguns passos, apoiando-se a uma bengala e segurando-se nos cantos dos móveis..." "Chegou enfim o momento em que pôde permanecer de pé tardes inteiras, e passear sem ajuda de um aposento a outro". Todavia não era alegria por seus êxitos o que sentia, tentava esquecer seus sofrimentos extintos, enquanto via surgir em si "um clima de irritação constante".

"Então seu adorado gabinete de trabalho passou a incomodá-lo, defeitos aos quais o hábito o acostumara saltaram-lhe aos olhos, quando àquele voltou após a prolongada ausência. As cores escolhidas para serem vistas à luz artificial, pareceram-lhe destoar à luz do dia. Pensou em trocá-las e combinou, durante horas, facciosas harmonias de cores, híbridos acasalamentos de tecidos e de couros". Queria crer que isto fosse uma retomada de seu caminho para a saúde, ali mesmo onde era reconhecível o retorno de suas antigas manobras, de suas inclinações tão íntimas...

E foi neste entreato que o médico o encontrou, numa de suas visitas periódicas, imerso em contemplação, "... pensando em tapeçarias ideais fabricadas com estolas de Igreja grega, sonhando com dalmáticas russas de orlas douradas, pluviais de brocado ornados de ramagens figuradas por pedras dos Urais e fieiras de pérolas..." O clínico, observando a expressão do seu paciente, questionou-o. Fisgado em meio aos seus transportes, o nobre senhor se mostra estarrecido pela afirmação do médico, de que o que fazia era – mais uma vez – iludir-se, o que ninguém faz sem o propósito de velar algo que acossa sem remédio. Deu, por outro lado, por terminadas naquele mesmo instante as suas visitas, apontando-lhe que para o de que se tratava era mister que se dirigisse a um outro profissional, o que de modo algum poderia ser feito nos limites das suas salas e aposentos.

O tapete escorregava-se-lhe sob os pés, e concomitantemente eralhe oferecida uma alternativa: "Sem dar-lhe tempo de respirar", recebia a informação de que fora cuidado apenas nas suas urgências, mas que era preciso – agora – cuidar da neurose (assim, cruamente), para cuja cura talvez necessitasse de anos de trabalho. O passo inicial era o de abandonar aquela situação de solidão povoada, e reingressando na vida comum, "...tratar de distrair-se como os outros".

A animosidade do "paciente" equivaleu ao tamanho da suspeita de que tal observação fosse correta. Mas, como deixar de lado seus estratagemas, ainda que pudesse sentir que de pouco lhe valiam já? Como pensar naquilo que o obrigara a elaborá-los? "Porém, isso não me distrai a mim, os prazeres dos outros!"

Não houve discussão. O que se deu foi simplesmente uma reafirmação por parte do outro de que a mudança radical assim proposta era, a seu ver, uma questão de vida ou morte, de sanidade ou loucura. "Então é a morte ou a transferência para a prisão de forçados!" exclamava indignado.

E aquele doutorzinho ousava sorrir-lhe com uma tal desfaçatez, dirigindo-se para a porta sem mais aquela, sem lhe dar resposta.

Não encontrava mais refúgio: fechou-se em seu quarto de dormir, tapando os ouvidos em vão. De dentro advinha-lhe essa pulsação nas têmporas, a martelada do silêncio imenso do meio-dia, daquele silêncio de onde a coisa o espreitava, com golpes que lhe fendiam a alma, fazendo-lhe penetrar na carne viva os cravos da dor de existir. Vislumbrava a possibilidade de chamar suportes outros para essa dor, mas verdadeiramente era o medo da atroz agonia que se instalara, o fator preponderante a solapar a aversão que sentia em colocar-se, como dizia, sob a jurisdição de um outro.

"Com que então sua beatitude havia terminado; a enseada que o abrigava, era mister agora que a deixasse para reentrar de cheio naquela intempérie de estupidez que outrora o havia fustigado!"

"Ah... dizer que tudo isto não é um sonho! dizer que vou reingressar na balbúrdia do século". "... A alma não vê coisa que não a aflija quando pensa nisso", ressoavam-lhe as palavras no espírito já com sons privados de sentido. A invasão real do seu edifício imaginário desagregava-lhe as frases, roubava aos seus termos qualquer significação...

Apêndice:

"Existia, entre todos, um artista cujo talento o arrebatava em longos transportes, Gustave Moreau.

Dele tinha adquirido duas obras-primas e, noites a fio, sonhava diante de uma delas, o quadro de Salomé, assim concebido".

"Na obra de Gustave Moreau, concebida fora de todos os dados do Testamento, ... via enfim realizada aquela Salomé sobre-humana e estranha que havia sonhado. Ela não era apenas a bailarina que arranca, com uma corrupta torsão dos seus rins, o grito de desejo e de lascívia de um velho; que estanca a energia, anula a vontade de um rei por meio de ondulações de seios, sacudidelas de ventre, estremecimentos de coxas; tornava-se, de alguma maneira, a deidade simbólica da indestrutível Luxúria, a deusa da imortal Histeria, a Beleza maldita, entre todas eleita pela catalepsia, que lhe inteiriça as carnes e lhe enrija os músculos; a Besta monstruosa, indiferente, irresponsável, insensível, a envenenar, como uma Helena antiga, tudo quanto dela se aproxima, tudo quanto a vê, tudo quanto ela toca.

Assim compreendida, pertencia às teogonias do extremo Oriente; não procedia mais das tradições bíblicas, não podia mais sequer ser assimilada à imagem viva da Babilônia, à real Prostituta do Apocalipse, paramentada como ela de jóias e de púrpura, como ela arrebicada, mas não atirada, por uma potência fatídica, por uma força suprema, nas excitantes abjeções da devassidão.

O pintor parecia aliás ter querido afirmar sua vontade de manter-se fora dos séculos, de não precisar origem, país ou época quando pôs a sua Salomé no meio daquele extraordinário palácio, de estilo confuso e grandioso, vestindo-a de roupas suntuosas e quiméricas, coroando-a com um incerto diadema em forma de torre fenícia, tal como o de Salambô, e colocando-lhe na mão, por fim, o cetro de Ísis, a flor sagrada do Egito e da Índia, o grande lótus."

"Fosse como fosse, uma fascinação irresistível irradiava desta tela, mas a aquarela intitulada "A Aparição" quiçá era ainda mais inquietante.

Ali o palácio de Herodes se elevava, como um Alhambra, sobre colunas ligeiras, irisadas de ladrilhos mouriscos chumbados como que com uma argamassa de prata, um cimento de ouro; arabescos partiam de losangos em lápis-lázuli, corriam em fio ao longo de cúpulas onde, sobre marchetarias de nácar, alastravam-se brilhos de arco-íris, fogos de prisma.

O assassínio fora praticado; agora o carrasco se mantinha impassível, as mãos sobre o cabo de sua longa espada manchada de sangue.

A cabeça decapitada do santo elevava-se sobre o prato pousado em cima dos ladrilhos, dali a olhar lívida, a boca descorada e aberta, o pescoço carmesim a pingar de lágrimas. Um mosaico cercava o rosto de onde se desprendia uma auréola que dardejava flechas de luz sob os pórticos, iluminando a temível ascensão da cabeça, acendendo o globo vítreo das pupilas fixadas, de certo modo crispadas sobre a dançarina.

Num gesto de pavor, Salomé repele a visão aterradora que a imobiliza na ponta dos pés; seus olhos se dilatam, sua mão aperta convulsivamente a garganta.

Ela está quase nua; no ardor da dança, os véus se desatam, os brocados escorregam; está vestida tão-só de materiais de ourives e de minerais lúcidos; um gorjal lhe aperta o talhe qual fosse um corpete e, à semelhança de broche soberbo, uma jóia maravilhosa dardeja clarões na ranhura dos seus dois seios; mais abaixo, nas ancas, o cinto que a rodeia cobre-lhe a parte superior das coxas sobre as quais pende um gigantesco pingente de onde flui um rio de rubis e de esmeraldas; por fim, sobre o corpo desnudo, entre o gorjal e o cinto, o ventre convexo, escavado pelo umbigo cujo orifício parece um sinete gravado em ônix, de tons leitosos e cores róseas.

Aos raios ardentes desprendidos pela cabeça do Precursor, todas as facetas das jóias se abrasam; as pedras se animam, desenham o corpo da mulher em traços incandescentes; picam-na no pescoço, nas pernas, nos braços, pontos ígneos, vermelhos como brasas, violetas como jatos de gás, azuis como chama de álcool, brancos como raios de astro.

A horrível cabeça flameja, sempre a sangrar, pondo coágulos de púrpura sombria na ponta da barba e dos cabelos. Visível apenas para Salomé, ela não estreita, no seu morno olhar, Herodias que sonha com seus ódios enfim saciados, nem o Tetrarca que, inclinado um pouco para a frente, as mãos sobre os joelhos, ainda ofega, transtornado por aquela nudez de mulher impregnada de odores selvagens, envolta em bálsamos, defumada de incensos e de mirras.

Tal como o velho rei, o cavalheiro permanecia derrotado, aniquilado, presa de vertigens diante dessa dançarina menos majestosa, menos altiva, porém mais perturbadora do que a Salomé do quadro a óleo.

Na estátua insensível e impiedosa, no inocente e perigoso ídolo, o erotismo, o terror do ser humano amanhecera; o grande lótus tinha desaparecido, a deusa se desvanecera; um horrendo pesadelo estrangulava agora a histriã, extasiada pelo rodopio da dança, a cortesã petrificada, hipnotizada pelo horror.

Aqui ela era verdadeiramente meretriz; obedecia ao seu temperamento de mulher ardente e cruel; vivia, mais refinada e mais selvagem, mais extravagante e mais execrável; despertava mais energicamente os sentidos em letargo do homem, enfeitiçava, domava-lhe com mais segurança as vontades, com seu encanto de grande flor venérea brotada em canteiros sacrílegos, cultivada em estufas ímpias".

(Um tributo ao gênio de Joris-Karl Huysmans, pseudônimo de Charles-Marie-George, 1884-1907; este fragmento foi retirado, por mim, da obra denominada "Às Avessas", publicada pela Companhia das Letras em 1987, na tradução esmerada de José Paulo Paes. O texto original é de 1884.)

MATHESIS FALHA E COMUNIDADE ANALÍTICA*

Brigitte Lemérer

Ao fundar a Escola Freudiana de Paris, Lacan distingue e separa essa escola, como lugar de formação, de seu ensinamento. O que é tanto mais notável, na medida em que essa escola era destinada justamente a acolher os sujeitos que, tendo reconhecido o valor desse ensinamento, haviam optado por ele e viam-se desde então excluídos da IPA. Com efeito, Lacan indica que se seu ensinamento "não deixa sem garantia a decisão de seu ato" (de fundação da Escola), no entanto "a Escola nem depende dele, nem mesmo o ministra, já que ele se desenvolve fora"[1]. Essa distinção feita por Lacan entre o lugar da formação e o lugar de seu ensinamento subverte a relação comumente admitida entre os dois. Para as diferentes universidades e escolas, como para os institutos de formação da IPA, a formação numa disciplina passa pelo ensinamento dado por um ou vários mestres que são ali a autoridade. Ao contrário, a formação proporcionada pela Escola Freudiana de Paris não se efetua pela via do ensinamento de Lacan. A Escola, como lugar de formação, é "o organismo onde se deve executar um trabalho – que, no campo aberto por Freud, restaura a lâmina cortante da sua verdade – que remete a praxis original por ele instituída sob o nome de psicanálise ao dever que lhe cabe em nosso mundo – que, por uma crítica assídua, ali denuncia os desvios e compromissos que amortecem seu progresso, degradando seu emprego. Este objetivo de trabalho é indissociável de uma formação a ser ministrada"[2].

A Escola não é, pois, um agrupamento de alunos em torno de um mestre, e sim uma comunidade que se forma para executar um trabalho definido, com muita precisão, por três seções, no interior das quais são recenseados os diferentes pontos que deverão ser submetidos a estudo. Se

* Traduzido por Dulce Duque Estrada e revisado por José Mário Simil Cordeiro

1 J. Lacan, "Acte de fondation. préambule", in *Annuaire de l'École Freudienne de Paris*, 1965.

2 Ibid.

a formação dispensada pela Escola passa, entre outros, por seminários que tratam de questões teóricas, clínicas ou de prática da cura, mas também seminários de leitura literal de textos, Lacan lembra que "o ensinamento da psicanálise só pode se transmitir de um sujeito a outro pelas vias de uma transferência de trabalho", e que "os seminários, inclusive nosso curso em Hautes Études, não vão fundar nada se não remeterem a essa transferência"[3]. Em outras palavras, se a Escola é uma comunidade que se forma para executar um trabalho, uma formação qualquer da comunidade de trabalho não convém ao objetivo que a Escola fixou para si.

Psicanálise e organização coletiva

Se um indivíduo e um outro e um outro... não fazem simplesmente um bocado de uns, mas formam um coletivo, isso implica que foi realizada uma função, a do "um-a-mais" que representa o coletivo enquanto tal, o ponto com relação ao qual 1+1+1... fazem "um" coletivo, o ponto com relação ao qual um qualquer pode se identificar como pertencente àquele coletivo. Um um-a-mais é o que nodula diversos indivíduos em um coletivo,.é o que sustenta a identificação deste e com este coletivo. O modo como se efetua essa função determina, portanto, a natureza e o modo de funcionamento do coletivo, é o ponto por onde cada indivíduo nele será tomado.

A partir da análise das multidões convencionais que são a Igreja e o Exército[4], Freud mostra que ordinariamente os grupos se constituem sobre uma ilusão: "a da presença visível ou invisível de um líder (...) que ama com igual amor a todos os membros da coletividade"[5]. A relação de cada indivíduo com esse líder, precisa Freud, é idêntica em sua estrutura à hipnose; é determinada, como esta, por uma confusão entre o objeto e o ideal do eu: "Uma multidão primária se apresenta como uma reunião de

---

[3] J. Lacan, "Acte de fondation. Note adjointe", op. cit.

[4] S. Freud, "Psychologie collective et analyse du moi", in Essais de psychanalyse, Payot, 1968, traduzido para o francês por S. Jankélevitch.

[5] Ibid., p. 113.

indivíduos onde cada um substituiu seu ideal de eu pelo mesmo objeto, o que teve por conseqüência a identificação de seu próprio eu"[6]. O grupo, pois, se constitui a partir do regulamento das identificações egóicas de cada um com o ideal do eu personificado pelo líder e que permite, num segundo tempo, uma identificação recíproca dos membros entre eles, graças à qual o grupo se consolida. Freud mostrou o efeito da constituição desses grupos sobre os indivíduos: diminuição ou perda das capacidades de raciocínio e de crítica, apagamento das particularidades individuais tendendo à uniformização e ao anonimato dos membros do grupo. Essa parte de si mesmo que cada um sacrifica ao amor do líder alimenta o narcisismo próprio ao grupo, mas também o ódio ou o medo do outro, da alteridade que representa o seu exterior.

Esse líder, nascido da confusão entre I(A) e (a), nos aparece, em sua estrutura, idêntico ao objeto agálmico da transferência, ao sujeito-suposto-saber sobre o qual opera o desejo do analista; este, para abrir o campo do inconsciente, põe à distância o ideal que é convocado por seu analisando a encarnar e o objeto-causa, de que é o suporte na cura.

Lacan, em sua análise da situação da psicanálise em 1956[7], interpreta o mal-estar das sociedades analíticas como determinado pela estrutura sobre a qual repousam essas comunidades, estrutura de Igreja cuja função do um-a-mais ideal é ocupada em 1956 por Freud ou, mais precisamente, pela "voz de um morto". Ele mostra como a hierarquia ali reinante, os diferentes estratos ali observados, as responsabilidades ali repartidas e a maneira como a fala é ali distribuída são o efeito da estrutura de grupo de que procede a comunidade, e determinam uma degradação da elaboração teórica e um aviltamento das questões relativas à cura e a seu fim. Este modo de organização coletiva só pode formar "analistas constipados", porque um grupo fundado numa identificação com o ideal do eu repousa sobre os mesmos princípios da hipnose: logo, desmente no seu funcionamento, a descoberta freudiana e aquilo que está em jogo na prática analítica.

---

6 Ibid., pp. 140-141.

7 J. Lacan, "Situation de la psychanalyse et formation du psychanalyste en 1956", in Écrits, Paris, Le Seuil, 1966.

Se o objetivo de trabalho proposto por Lacan em 1964 é indissociável de uma formação a ser ministrada, ele é indissociável do modo de organização coletiva em que a comunidade de trabalho deve se formar. Em outras palavras, a estrutura coletiva pela qual se forma a comunidade de trabalho não deve desmentir o objetivo da Escola: formar analistas à altura.

Quando Lacan funda a École freudienne de Paris – fundação que o situa, de imediato, em lugar de ideal –, situa o cartel como aquilo que deve subverter a comunidade de seus discípulos: a Escola como comunidade de trabalho organizado a partir da lógica do cartel deve subverter o grupo reunido em torno da pessoa de Lacan.

O cartel é uma invenção historicamente ligada à questão da Escola como organismo de trabalho e lugar de formação, mas também da Escola "no sentido em que, nos tempos antigos, queria dizer alguns lugares de refúgio, até mesmo bases de operação contra o que já se podia chamar de mal-estar na civilização"[8] e, em particular, contra o mal-estar na instituição analítica.

FUNÇÃO DO CARTEL E DA MAIS-UMA PESSOA EM 1964

À comunidade suscetível de cumprir o objetivo de trabalho da Escola, objetivo indissociável de uma formação a se ministrar, Lacan então propõe sua formação a partir do cartel: "Para a execução do trabalho, vamos adotar o princípio de uma elaboração sustentada num pequeno grupo. Cada um deles (temos um nome para designar esses grupos) será composto de três pessoas, no mínimo, de cinco no máximo, quatro é a justa medida. "MAIS UMA" encarregada da seleção, da discussão e do resultado reservados ao trabalho de cada um. Depois de um certo tempo de funcionamento, os elementos de um grupo vão se ver propor permutar com um outro. O encargo da direção não irá constituir uma liderança, onde o serviço prestado se capitalizaria pelo acesso a um grau superior e ninguém terá que se considerar retrógrado por voltar às fileiras de um trabalho de base"[9].

---

[8] J. Lacan, "Acte de fondation. Préambule", op. cit.

[9] J. Lacan, "Acte de fondation", op. cit.

O cartel, devido a suas características – limitação do número de seus participantes e da duração de seu funcionamento, individualização da mais-uma pessoa –, permitiria a cada um de seus membros uma elaboração sustentada num pequeno coletivo, cujo funcionamento não desmentiria o objetivo de trabalho da Escola.

Com a invenção do cartel, constituindo o um-a-mais a comunidade de trabalho que é a Escola, Lacan o propõe como múltiplo, pontual, giratório e qualquer (os mais-uns não constituem uma liderança, os três a cinco podem escolher quem quiserem como mais-um, o mais-um não é imposto por um "poder central", que ele representaria no cartel). Os cartéis daí resultantes são, eles próprios, quaisquer, múltiplos, contingentes, pontuais, turbilhonantes. Nesse sentido, um cartel isolado ou um cartel vitalício não tem sentido: os cartéis, múltiplos e turbilhonantes, são uma tentativa de formar, de tecer entre os membros da comunidade analítica uma transferência de trabalho pela qual cada um se comprometa a assumir o objetivo de trabalho da Escola, já que esses laços não são mediatizados por um mestre que disso se encarregaria. Tal é o modo de formação coletiva que a Escola propõe aos analistas.

De 1964 a 1975, a estrutura de cartel e o funcionamento efetivo dos cartéis não são questionados na EFP. Posso dizer, por experiência, que nesse período qualquer grupo de trabalho se designava como "cartel". Por que Lacan traz a questão do cartel à ordem do dia, propondo duas jornadas de trabalho dedicadas aos cartéis em abril de 1975? Sem dúvida, o trabalho de Lacan sobre o nó borromeano permite então que se retome a questão da estrutura do cartel e da função da mais-uma pessoa na comunidade analítica. Mas, acompanhando-se o questionamento de Lacan no decorrer dessas duas jornadas e destacando algumas observações que ele emite, não posso me impedir de formular uma outra hipótese: o procedimento do passe já funcionava há vários anos em 1975, e o júri do passe, sem dúvida, já recolhera suficientes testemunhos para poder situar o que ali insistia. Ora, os passes revelam, de maneira impiedosa, como a instituição analítica – seu funcionamento, seus ideais, suas crises – pesa sobre a condução das curas, como a obscenidade institucional pode pôr os membros da instituição em impasse. Talvez algo dessa ordem se fizesse ouvir nos passes, lá onde a comunidade de trabalho reunida em torno de Lacan não havia sido, de fato, subvertida pela proposição de seu Ato de fundação para formar essa comunidade a partir do cartel. E, sem dúvida, foi essa mesma razão que o levou a dissolver a École freudienne de Paris alguns anos mais tarde.

RETOMADA DA QUESTÃO DOS CARTÉIS EM 1975

Em abril de 1975, a École freudienne de Paris dedica, pois, duas jornadas aos cartéis. Ali serão tratados trabalhos teóricos efetuados em cartéis (sobre o sonho, a transferência, a pulsão, a psicose, a ética...), mas também e sobretudo o funcionamento dos cartéis e, mais precisamente, a função da mais-uma pessoa. Lacan, com efeito, interroga os participantes sobre o seu funcionamento em cartel e sobre o que, ali, faz função de mais-um. Em resposta ao que se diz sobre isso – que o mais-um é aquele que está ausente naquele dia, que é a clínica, que é o texto ou o seminário objeto de trabalho do cartel, que é Freud ou é Lacan –, Lacan observa que "não há nenhuma espécie de verdadeira realização de cartel" [10] na École freudienne de Paris, e que "a Escola talvez ainda não tenha começado a funcionar". Bem se vê como Lacan condiciona a Escola e a formação por ela dada à formação dos cartéis; a Escola talvez ainda não tenha começado a funcionar porque o funcionamento dos cartéis em 1975 ainda parece estar em grande parte tomado nos efeitos da constituição do grupo em torno de Lacan, posto em lugar de ideal do eu, em vez de permitir a sua subversão, substituindo isso por uma nova lógica coletiva.[10]

A partir do momento em que um coletivo se constitui, lembra Lacan, a função do mais-um é sempre realizada, mas geralmente desconhecida: as pessoas trabalham juntas sem realmente se interrogar sobre o quê repousa esse conjunto, isto é, sem se perguntar sobre que ponto do grupo operou-se a identificação coletiva. Lacan precisa que, se ele individuali-

---

[10] Para todas as citações de intervenções no decorrer dessas duas jornadas, cf. *Journées des cartels*, de abril de 1975, in *Lettres de l'École freudienne* no 18, boletim interno da École freudienne de Paris, publicado em abril de 1976.

zou a função da mais-uma pessoa no cartel, foi justamente para que os analistas voltem sua atenção para isso: "Parece-me difícil que os analistas não se perguntem o que quer dizer analiticamente o seu trabalho, na medida em que é um trabalho em comum". "Ele está sempre presente, esse mais-um, sob formas quaisquer que podem ser absolutamente encarnadas, o caso do líder é manifesto, mas os psicanalistas poderiam perceber que, num grupo, há sempre um mais-um e voltar sua atenção para este ponto".

Sobre o quê poderia repousar um coletivo para que o trabalho que ali se faz se origine verdadeiramente da psicanálise? Que realização da mais-uma pessoa permitiria que o cartel fosse verdadeiramente um coletivo de trabalho de tipo analítico? Que estrutura coletiva permitiria dar um estilo analítico às reuniões de trabalho? Tal é o fio das questões expostas por Lacan durante essas duas jornadas.

A comunidade dos matemáticos e a comunidade analítica

Lacan vai interrogar particularmente a comunidade dos matemáticos e propor uma hipótese: para os matemáticos, é a matemática que faz função da mais-uma pessoa. A matemática pode ocupar essa função estrutural, porque o objeto matemático só obtém sua consistência da escrita matemática; a matemática só está nas *mathesis*, é nisso que ela é integralmente transmissível. Como tal, a matemática constitui "a substância pensante", "a substância comum dos pensamentos dos matemáticos". Com essa formulação, Lacan indica uma outra dimensão do mais-um e do coletivo que dele resulta, não mais determinado por um ideal comum, e sim por uma "substância comum".

Mas, diz Lacan, se a matemática pode funcionar como a mais-uma pessoa constituinte da comunidade dos matemáticos, "o mesmo não se dá em absoluto para a análise, porque a análise é para ser criada".

Será ela para se criar como escrita, fazendo a substância comum das cogitações dos psicanalistas? Sabemos que a questão dos matemas na psicanálise muito preocupou Lacan. Mas parece-me que, nesse ponto, ele resolve a questão em 1975 (sem dúvida, é essa a razão que o leva a reatualizar a questão dos cartéis, naquele momento). Numa sessão de seu seminário, contemporânea dessas jornadas, ele diz que o nó borromeano é, como escrita, uma mathesis falha: "A dificuldade efetiva que há em se cogitar sobre o nó borromeano, a facilidade, ao contrário, que há para fazê-lo sobre a esfera e a cruz, fazem deste nó como que o exemplo de uma mathesis falha, falha por um triz, inexplicavelmente, jamais familiar, em todo caso. Por que não ver, na aversão que isso manifesta, a marca do próprio recalque primordial?[11]"

A escrita borromeana é uma *mathesis* falha, ela não pode, como escrita, ser a substância comum dos pensamentos dos analistas, pois ela causa aversão no pensamento, e nisso nos põe na trilha do real em jogo na psicanálise, na trilha daquilo que há de intransmissível na psicanálise. Se todo analista pode, como analista, se formar no manejo do nó a fim de reconhecer um nó borromeano no escuro, a escrita borromeana permanece "jamais familiar, em todo caso". Lacan vai retomar este ponto em 1978: o manejo da cura é intransmissível, a psicanálise está menos a ser criada que reinventada: cada analista deve reinventar a maneira particular, sintomática de operar na cura.

A psicanálise não pode funcionar como a mais-uma pessoa da comunidade analítica, ela não é a substância pensante da comunidade. É isso, precisamente, que traz ao primeiro plano a questão dos cartéis: a comunidade analítica, devido à particularidade de seu objeto que só pode dar lugar a uma *mathesis* falha, deve se formar a partir de uma mais-uma pessoa múltipla, pontual, qualquer e giratória.

O que poderia funcionar como mais-um de tal modo que os cartéis fossem efetivamente coletivos de trabalho de estilo analítico? Durante essas jornadas de abril, Lacan não retoma a função de direção do mais-um do cartel formulada em 1964, mas acentua a função do mais-um como operante de uma nodulação borromeana dos membros do cartel: o mais-um teria de operar uma nodulação de quatro a seis pessoas, tal que a partir daí "cada um se imagine ser responsável pelo grupo... ele não o imagina erradamente, além do mais, já que de fato o que constitui nó borromeano

[11] Lacan, RSI, seminário inédito, sessão de 8 de abril de 1975.

está submetido a esta condição, a de que cada um seja efetivamente, e não apenas imaginariamente, aquele que mantém todo o grupo". Lacan subordina então, em 1975, o cartel à estrutura borromeana. A que ponto do grupo, representado pelo mais-um, se deve fazer a identificação para que tenhamos efetivamente um cartel de que cada membro seja aquele que nodula realmente todos os outros?

Portar seu nome

Parece-me que Lacan formula uma resposta na longa intervenção com a qual encerra essas jornadas de abril. Ele parte da seguinte questão: por que o número de membros de um cartel é tão precisamente limitado a pelo menos três e no máximo cinco, mais-uma, pessoas? Três é o grupo mínimo, mas por que não mais de cinco, o que eleva a seis o número máximo de membros de um cartel? Em resposta a essa pergunta, Lacan evoca as comunidades religiosas que, por sua vez, repudiam fixar um limite superior para o número de seus aderentes: "O anonimato que preside à comunidade religiosa é alguma coisa que já os deve fazer pressentir que, nesse pequeno número, há uma ligação com o fato de que cada um porta, nesse pequeno grupo, seu nome". O anonimato, com efeito, preside às coletividades que se fundam numa identificação a partir do ideal do eu. Estruturalmente os indivíduos são ali uniformizados – Freud mostra isso com muita precisão –, eles são anônimos: se falta um deles, isso não ameaça a existência do grupo, nem altera radicalmente seu funcionamento, pois cada um é substituível (é esta a razão pela qual se pode sacrificar um certo número, contanto que a reposição esteja assegurada). Os elementos desses grupos são anônimos por estrutura, porque o único que pode faltar a seu posto, o único realmente individualizado, o único cujo desaparecimento provoca a dissolução do grupo (Freud evoca em particular os fenômenos de pânico) é o líder.

Logo, é por razões de estrutura, nos diz Lacan, que num cartel o número é estritamente limitado, pois só há, verdadeiramente, cartel na medida em que cada um dos membros porta, ali, o seu nome. Isso implica que num cartel cada um pode faltar a seu lugar, a ausência de um qualquer de seus membros por ocasião de uma sessão de trabalho não é sem efeitos, e a saída definitiva de um membro, qualquer que seja a sua razão, dissolve o cartel, já que, não sendo anônimo, cada um ali é insubstituível.

O que significa "porta o seu nome"? Isso não quer dizer "tomar-se por seu nome". Esta é a loucura que acomete com freqüência, justamente, os líderes. Tampouco quer dizer "falar em seu nome", ou seja, "falar em nome do nome que me porta". A estes, Lacan chamou "as Suficiências"[12], que nada têm a dizer e não se escutam.

O que é um nome próprio? O nome próprio é tal que seu enunciado se iguala a sua significação[13]. O enunciador e um nome próprio não tem outra significação que não a de ser uma série de fonemas à qual o sujeito responde "presente", diferente de uma outra série de fonemas que é um outro nome. Se "o neurótico é no fundo um Sem-Nome"[14], se seu nome próprio o importuna, é porque ele lhe dá um peso imaginário que é o efeito do eu, com o qual o sujeito está sobrecarregado.

O nome próprio, na medida em que seu enunciado se iguala à sua significação, põe em jogo o significante da falta do Outro, a falta do significante que nomearia o sujeito como falante. Portar seu nome é a maneira particular a cada um de se virar com essa falta, de se virar com aquilo que se efetua da tomada singular e sintomática desse sujeito no Outro, e que causa o desejo. Num cartel, portar seu nome implica, para cada um, trabalhar ali a partir daquilo que o causa numa relação sintomática com a psicanálise.

FUNÇÃO DO MAIS-UM DO CARTEL

As três a cinco pessoas, no começo do cartel, entram de acordo quanto ao nome de um mais-um. As razões dessa escolha podem ser diferentes para cada um – e, falando por experiência, elas geralmente o são –, mas

---

12 J. Lacan, "Situation de la psychanalyse et formation du psychanalyste en 1956", in *Écrits*, op. cit.

13 J. Lacan, "Subversion du sujet et dialectique du désir dans l'inconscient freudien", in *Écrits*, op. cit.

14 Ibid.

sejam quais forem essas diferentes razões, este nome constitui acordo. Que o portador desse nome dê, ele também, seu acordo e um coletivo é formado. Mas que coletivo? Sob que condição esse coletivo terá estrutura borromeana? Qual é a função do mais-um nesse caso? Ele deve ser um docente transmitindo seu saber? Deve zelar pelo rigor das elaborações que ali se irão tentar? Deve dirigir o trabalho dos outros membros? Se é esta a função da mais-uma pessoa, o coletivo não tem uma estrutura borromeana. Parece-me que, se o coletivo é borromeano, cada um de seus membros pode, por ocasião de determinada sessão de trabalho, ter essa função. Mas, sob que condição isso é possível, condição que se origina da mais-uma pessoa?

Se o portador do nome que constituiu acordo se contenta em portar esse nome, se ele não se crê investido de uma missão particular, se não acredita que seja preciso dar a este nome outra significação além daquela de ser o nome que ele porta, isso autoriza, a partir de então, cada um dos outros membros a portar ali o seu próprio nome, ou seja, a responder realmente pela existência e pelo trabalho do cartel.

O cartel, borromeanamente nodulado a partir da mais-uma pessoa como um nome dentre outros, seria de certa maneira a formação bem sucedida do cartel. Para produzir essa escrita, era preciso que Lacan encontrasse o nó borromeano, mas era preciso também o estabelecimento do procedimento do passe, com os testemunhos do que se dá com o nome próprio no momento em que advém o analista, e a experiência da nomeação no procedimento.

Algumas reflexões sobre a situação atual

Sabemos que a tentativa de formar uma escola a partir dos cartéis e do procedimento do passe fracassou. Os cartéis e o passe não subverteram o funcionamento de grupo da École freudienne de Paris que, depois disso, foi dissolvida.

A dissolução por Lacan da École freudienne de Paris e o naufrágio da Causa freudiana – que devia se constituir a partir do turbilhão de cartéis – trouxeram a formação de múltiplos coletivos, uns mais ou menos informais, outros estruturados em instituições. A maioria desses coletivos foi atravessada por crises, provocando a saída de uma parte de seus membros ou a dissolução do grupo. Se, num primeiro tempo, cada uma dessas instituições pôde se crer única e eterna, se cada uma pôde se crer o berço da futura nova École freudienne de Paris, pouco a pouco elas foram, em sua maioria, constatando em maior ou menor grau sua multiplicidade e precariedade. Mais de quinze anos depois da dissolução, a comunidade analítica originada do ensinamento de Lacan se apresenta, na sua organização coletiva, como essencialmente múltipla, movediça, incerta e precária. Este estado de fato é geralmente reprovado e sentido como um fracasso e uma falta. Diversas tentativas – por exemplo, o Inter-associatif, ou num outro registro a Association pour une instance (APUI) – , foram feitas para tentar unificar um pouco essa comunidade.

Parece-me que devemos agora, primeiramente, constatar esse estado de fato, e constatá-lo como gerado pelo ensinamento de Lacan, que deu o título de "Dissolução" a seu último seminário. Decerto, a violência das crises associativas, testemunhando um desencadeamento do gozo do grupo, deve ser condenada; mas a multiplicidade de instituições mais ou menos precárias, diferentes em seu funcionamento e seus eixos de trabalho, e cujo número de membros é relativamente limitado não deve ser necessariamente reprovada. Essa multiplicidade poderia mesmo, *sob certas condições*, ser reivindicada como um modo de organização coletiva oriunda de uma outra lógica que não a das multidões convencionais, e oferecendo uma alternativa ao modelo da Igreja ou do Exército, do qual Lacan mostrou os impasses (reconhecer essa outra lógica coletiva daria uma nova significação às crises associativas e permitiria, sem dúvida, regrá-las mais dignamente).

Dessas diversas condições, vou formular a que me parece ser a primeira. Se o objetivo de trabalho de 1964 permanece atual, a formação em cartéis muitas vezes não é mais considerada como primordial para realizar esse trabalho. Alguns, julgando-a caída em desuso, trazem-lhe diversas correções, outros não vêem mais interesse nisso e preferem trabalhar sós ou em grupos mais ou menos informais. Sem dúvida, não soubemos reconhecer e transmitir o que está em jogo nessa formação para a comunidade analítica. As instituições analíticas têm igualmente uma parte de responsabilidade nessa degradação da comunidade de trabalho, pois para aumentar sua audiência têm preferido em geral favorecer as manifestações públicas (seminários, jornadas, saraus, colóquios...) a sustentar a necessidade do trabalho mais discreto dos cartéis. Além disso, o número relativamente limitado de seus membros nem sempre permitem a estes, principalmente nas cidades de interior, formar um turbilhão de cartéis.

Reivindicar a multiplicidade associativa como a resposta da comunidade originada do ensinamento de Lacan para o impossível do grupo analítico impõe dar corpo a essa comunidade, mas sem com isso desmentir a lógica da resposta que reivindicamos. Não deveríamos, a partir daí, tornar a trazer a questões do cartel à ordem do dia, e levar o conjunto da comunidade de trabalho a organizar-se em cartéis? Ela poderia, assim, formar um turbilhão, de certa maneira inter-institucional, suscetível de responder ao objetivo fixado por Lacan em 1964, e depois em 1975, e cujo trabalho seria sustentado pelas diferentes associações analíticas existentes, segundo a maneira e o estilo próprios a cada uma.

4 MAIS UM

Ana Beatriz Favero

Psicanalista. Membro da Escola Lacaniana de Psicanálise – R.J.

Da mais uma pessoa ao mais um. Tema que vem sendo há vários encontros debatido, nesta Escola, como tópico intrigante e sugestivo, de uma riqueza infinitamente maior do que a que nos é tangível até então. Lacan na Ata de Fundação de EFP, datada de 1964, como bem nos aponta Mustafá Safouan, sublinha o termo "mais uma". *É o único termo que está sublinhado neste texto.* Quando questionado, Lacan simplesmente responde ter pensado dever sublinhá-lo *para que se detenham nele.*[1] Mas por quê?

Ainda nesta mesma Ata, afirma-se que todos que se propusessem a se tornar participantes da EFP deveriam se comprometer *a realizar uma tarefa submetida a um controle interno e externo (...): Para a execução desse trabalho adotaremos o princípio de uma elaboração baseada num pequeno grupo: cada um deles (...) será composto por três pessoas, no mínimo, e por cinco no máximo — quatro é a medida certa. Mais uma, encarregada da seleção, da discussão e do destino reservado ao trabalho de cada um.*[2]

Esta afirmação por si já nos traz material muito fértil para discussão, desde o momento em que nos põe a pensar sobre o que seria este pequeno grupo. Por que esta limitação do número de participantes? Por que a individualização da mais uma pessoa? Qual sua função? Por que um mínimo de três mais uma, um máximo de cinco mais uma? Por que a medida certa é quatro mais uma? O que queria nos propor Lacan com esta assertiva? Como fazer bom uso desta, se posso dizer assim, proposta de trabalho de Lacan?

O presente estudo visa, principalmente, tentar pensar a questão do quatro como medida certa, abordar a questão da mais uma pessoa, sua passagem ao mais um, pensar a polêmica limitação mínima e máxima de pessoas no momento de formação de um cartel.

---

[1] in: *Documentos para uma escola*, p.100.

[2] op. cit., p. 17.

Lacan, em seu seminário de 14 de janeiro de 1975, lança uma questão importante sobre o *que implica que a psicanálise opera*?[3] Ela opera com raciocínio topológico. Para isso é preciso discernir o que representa o número zero e o Um.

Segundo a aritmética elementar, os algarismos são sinais numéricos. Os algarismos arábicos, são os dez sinais seguintes chamados:

1,2,3,4...9 => são algarismos significativos porque cada um exprime sempre um número.

0 => cifra ou zero, que significa nada.[4]

O zero é, pois, um elemento neutro, porque ele não engendra nada. Ele não é gerador, ou seja, a partir dele só se obtém ele mesmo. Ele representa a cadeia de dois elos, que é uma cadeia degenerada da cadeia borromeana de 3. A cadeia de dois elos, então, joga o mesmo papel que o zero. O zero é um número degenerado. No entanto, a cadeia de dois elos é, quanto às propriedades, perfeitamente borromeana, sendo que na cadeia de dois elos, um elo obtura o furo do outro. Por sua vez, o Um é um elemento gerador, é caso exemplar, porque ele engendra todo o resto. A partir da cadeia borromeana de 3 gera-se qualquer cadeia borromeana. A cadeia de três elos, então, joga o mesmo papel que o Um.

Neste mesmo seminário, Lacan vem somar ao raciocínio topológico, com o qual a psicanálise opera a questão de uma função (x+1), isto é, uma função matemática, a função sucessor (x+1). O nó borromeano se determina exatamente por esta função matemática (x+1).

Esta função do sucessor (x+1) tem relação com a série de números inteiros e é a partir dos axiomas de Peano que Lacan trata esta questão. Fala Lacan: "É a função do sucessor, do x+1, que Peano valoriza como estruturando o número inteiro — o que supõe, todavia, no ponto de partida um que não seja sucessor de nenhum (...)."[5]

---

[3] cf. LACAN, 1974/75: 23.
[4] cf. TRAJANO, 1924. 05.
[5] cf. LACAN, 1974/75: 23.

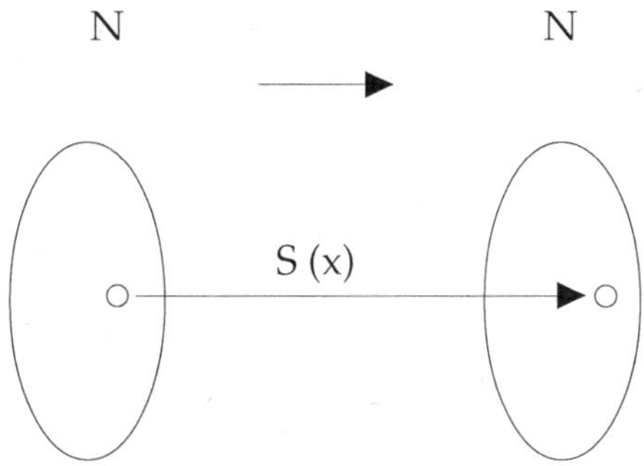

Nas jornadas de 1975, quando se esclarece a origem etimológica da palavra cartel, diz-se dela: *cartel provém da palavra cardo, que em latim significa gonzo, dobradiça. Também tem relação com o número quatro. Sua estrutura (...) é a do nó borromeano, ou seja x+1.*[6]

x => número de anéis.

+ 1 =>qualidade borromeana, que faz com que "x" anéis se sustentem juntos, já que sem essa qualidade borromeana seriam "x" elementos separados:

> ***"O signo "mais" que integra o nome desta função não identifica a operação de adição. 4+1 não fazem um grupo de cinco mas um conjunto de 4+1. O 1 não se adiciona, isto é, sua propriedade associativa se reduz a zero. O resultado é que o "mais" não é um signo algébrico; é um significante que denota a separação. A fórmula 4+1 deve ser lida ao pé da letra: quatro separados um por um."***[7]

Esta +1, qualidade borromeana, só é mais uma pelo fato de que ela vem a este lugar para e pelos x outros, escolha que implica essencialmente uma nomeação. *O efeito desta nomeação não será tanto ao nível da prática da pessoa que é dela objeto, mas ao nível do grupo que comportará, a partir de então, um elemento heterogêneo, não incluído na contagem do grupo, e que indica o matema do cartel: x+1.*[8]

Literalmente nos diz Lacan: *Não se pode deixar de reconhecer nesse "mais uma" (...) que se refere estritamente a isso que escrevi: x+1 é precisamente o que*

---

[6] cf. JIMENEZ, 1994: 13

[7] cf. CABAS, 1994: 52.

[8] cf. TROBAS, 1994: 41.

define o nó borromeano, e é a partir de retirar esse 1 — que no nó borromeano é qualquer um — que se obtém a individualização completa, ou seja, que do que sobra — a saber do x em questão — não há mais que um por um.[9]

Logo, a supressão da +1 acarreta que não haja mais série, sendo uma forma totalmente material de se sentir que este *Um não é um número, ainda que a série dos números seja feita de uns.*[10]

Para que eu tenha uma cadeia de quatro elos, é preciso duas cadeias borromeanas de 3 – daí a expressão de o nó poder ser duplamente borromeano (é preciso duas cadeias borromeanas de 3 para que eu tenha uma cadeia borromeana de 4): 3 + 3 = 4, isto é, sendo x = 1 logo Um + 3 = 4. No entanto, duas cadeias de dois elos produzem uma cadeia de 2: 2 + 2 = 2, isto é, sendo x = 0 logo 0 + 2 = 2.

Mas, esta amarração singular de uma cadeia de quatro elos, de três nós triplos por um quarto nó triplo – o sintoma – abriria um outro modo de exploração da colocação em prática da formalização do cartel, diferente do modo de exploração de uma cadeia de três elos? Supondo que sim, em que medida isto nos interessaria? O fato de haver esta amarração singular na cadeia de quatro elos permite que Lacan afirme que o elo do Sintoma, este quarto elemento, possa vir a ser definido como *o que permite ao simbólico, ao imaginário e ao real manterem-se juntos, ainda que, graças a dois erros, nenhum deles sustente-se mais com o outro. Isso não faz nó de três, mas parece.*[11]

Ainda Lacan, em 15 de abril de 1975: "Das três consistências, nunca se sabe qual é a real. Por isso é que elas devem ser quatro. O quatro é o que por este duplo enganchamento sustenta o simbólico através daquilo de que ele é feito, a saber, o Nome-do-pai. A nominação é a única coisa que estamos certos de que faça furo. E é por isso que dei para o cartel a cifra de quatro como o mínimo (...)."[12]

Em 13 de maio de 1975, se coloca: *sem o quarto, nada é, propriamente falando, evidenciado do que é verdadeiramente o nó borromeano.*[13]

---

[9] in: *Documentos para uma escola*, p.67.
[10] LACAN, 1974/75: 23-4.
[11] cf. LACAN, 1975/76: 50.
[12] cf. LACAN, 1974/75: 104.
[13] op. cit., p. 112.

E, em 09 de dezembro de 1975, se pergunta: *O nó de três, nodulando-se ele mesmo borromeanamente, nos basta?(...) Na figura de uma cadeia borromeana, não nos parece que o mínimo é sempre constituído de um nó a quatro?*[14]

Já em 11 de março de 1980, este autor precisa melhor a sua maneira de pensar a formalização de um cartel, articulando estas duas proposições a seguir:

Quatro se escolhem para realizarem um trabalho que deve ter seu produto. Produto de cada um e não coletivo.

A conjunção dos quatro se faz em torno de um mais-um, que, se pode ser qualquer um, deve ser alguém. A tarefa dele consiste em velar pelos efeitos internos no empreendimento e em provocar sua elaboração.

É nesta data, 11 de março de 1980, que Lacan passa da mais uma pessoa com relação a três ou cinco, ao mais-um com relação ao quatro; destacando o 4 no nível do "x" (da função sucessor x+1) – quatro que se escolhem mutuamente, em um primeiro tempo da estrutura. A conjunção destes quatro elementos se opera em torno de um mais-um, escolhido pelos quatro, já em um segundo tempo. Sobre estes dois tempos, aparentemente necessários para que a estrutura matêmica funcione, diz-nos Jimenez: *Não se deve cair no erro em que freqüentemente se cai: cinco se escolhem, e dentre si esses cinco nomeiam o mais-um. (...) O mais-um, escolhido da maneira que Lacan aconselha, fica fora do lugar imaginário da escolha do semelhante, para vir a um lugar heterogêneo, de alteridade absoluta.*[15]

Interessante para eu pontuar é que não pude localizar em escritos ou seminários de Lacan tal questão, a qual me parece justamente pertinente e que deveríamos nesta Escola tentar pensá-la melhor! Mas, em que implicaria dizer ser em torno do mais-um que os quatro se conjuguem? O mais-um seria, por isto, contado com os quatro? *Da mesma maneira que faz o operador (+1) que permite estabelecer a série dos inteiros permanecendo heterogêneo a eles, o mais-um permitiria a amarração dos qua-*

---

[14] cf. LACAN, 1975/76: 24.
[15] cf. JIMENEZ, 1994: 26.

tro sem ser contado como amarrado com eles. Isto o colocaria como "erro de conta".[16]

Mas, quem é a mais uma pessoa (ou o mais-um)?

Uma pessoa para ocupar o lugar que idealmente seria o do líder;

o *mé-chef*, isto é, o não chefe;

um agente provocador;

um dos membros do cartel;

mais um participante, mais uma pessoa como qualquer outra, e um lugar "a mais".

pessoa múltipla, pontual, qualquer e giratória;

um nome dentre outros;

não é uma ausência, mas uma presença;

está sempre presente, mas sempre desconhecido (ele é sempre desconhecido porque isso é o Outro do Outro);

deve contar-se aí;

o sintoma da transmissão;

o quarto elemento: o sintoma;

é a amarração que o sintoma produz no nó borromeano (enquanto nomeação do simbólico).

Qual é sua função? Em que ela se diferencia da função do analista e do coordenador?

Não ocupar a posição esperada do líder e da suposição de saber;

apontar para o furo da função do líder;

não ensinar;

fazer de cada um 1 mestre;

incentivar a produção de cada um;

fazer o saber circular;

a da falta;

de corte, de abertura, direção, objetivação – limite ao imaginário –, impedindo grupamentos;

de mediação simbólica;

---

[16] cf. BOUQUIER, 1994: 69.

sustentar a reunião em suas desigualdades;

amarrar borromeanamente os integrantes do cartel, assegurando seu funcionamento e sua produção.

E, por que um mínimo de três mais uma, um máximo de cinco mais uma pessoas num cartel – o que eleva a seis o número máximo de membros de um cartel?

É por razões que estão ligadas à própria estrutura, justifica Lacan, que num cartel há um número limitado de pessoas, não situando esse número por baixo de um certo nível e considerando como muito pouco o dois, e mesmo o três: *Se eu disse que não podia passar de seis, foi pelas melhores razões, por razões teóricas, mais profundas.*[17] É necessário que cada membro de um cartel porte, ali, seu nome; ou seja, trabalhe ali *a partir daquilo que o causa numa relação sintomática com a psicanálise.*[18]

Lacan evoca, para explicar esta questão do limite mínimo e máximo de pessoas num cartel, as comunidades religiosas, as quais repudiam fixar um número máximo de seus fiéis. Diz: *Os elementos desses grupos são anônimos por estrutura, porque o único que pode faltar a seu posto, o único cujo desaparecimento provoca a dissolução do grupo (...) é o líder.*[19]

Bibliografia:

BOUQUIER, Jean-Jacques. Do funcionamento à formalização, in: O cartel: conceito e funcionamento na escola de Lacan. Editora Campus, Rio de Janeiro, 1994.

CABAS, Antonio G. Do mais-um, in: O cartel: conceito e funcionamento na escola de Lacan. Editora Campus, Rio de Janeiro, 1994.

DOCUMENTOS PARA UMA ESCOLA. Letra Freudiana, Rio de Janeiro, ano I, n.º 0.

JIMENEZ, Stella. O cartel, in: *O cartel: conceito e funcionamento na escola de Lacan.* Editora Campus, Rio de Janeiro, 1994.

LACAN, Jacques. O seminário, livro 22 (1974-1975), *RSI.* Seminário inédito.

____. O seminário, livro 23 (1975-1976), *O Sintoma.* Seminário inédito.

LEMÉRER, Brigitte. *Mathesis falha e comunidade analítica.*

---

[17] in: Documentos para uma escola, p. 76.

[18] cf. LEMÉRER, s/p.

[19] op. cit., s/p.

TRAJANO, Antonio. *Arithmética elementar*. Livraria Francisco Alves, Rio de Janeiro, 1924.

TROBAS, Guy. Do grupo ao cartel, do líder ao mais-um, in: *O cartel: conceito e funcionamento na escola de Lacan*. Editora Campus, Rio de Janeiro, 1994.

Uma experiência inesquecível

(Limites do discurso psicanalítico num trabalho com adolescentes ditos "de rua")

Teresa Palazzo Nazar

Psicanalista. Membro da Escola Lacaniana de Psicanálise – R.J.

Não poderia haver ato fora de um campo já tão completamente articulado que aí a lei não tivesse seu lugar. Não há outro ato a não ser o ato que se refere aos efeitos dessa articulação significante e que comporta toda a sua problemática – com, por um lado, o que comporta, ou melhor, o que é, de queda da própria existência do que quer que possa ser articulado como sujeito e, por outro lado, o que ali preexiste como função legisladora".1

"É a lei que faz o pecado"

(São Paulo)

É inegável que as idéias sobre criminalidade, delinqüência, etc. estão presentes desde o começo do processo civilizatório.

A noção de *falta* aparece no momento em que surge a lei como limite simbólico, permitindo aos falantes colocar palavras no lugar do agir. Assim, o ato de dizer humaniza o homem e faz com que responda não mais ao "instintual" mas, ao pulsional. Não se trata mais da pura e simples satisfação de necessidades, mas da ordem significante, que, num efeito de discurso, estabelece todo e qualquer liame social.

As patologias do agir aparecem quando há uma fratura na possibilidade de circulação da palavra nos discursos, de tal maneira que ela deixa de ter função de mediação entre os falantes.

Se a palavra como lei não é considerada, isto quer dizer que as estruturas simbólicas que deveriam garantir o liame social também não mais vigoram. Como conseqüência, as ações que deveriam ser reais tornam-se simbólicas de uma falta que se apresenta na origem mesma do que pos-

1 LACAN, J. O seminário, livro 17 (1969-1970), *O avesso da psicanálise*, Jorge Zahar Editor, Rio de Janeiro, 1992. p. 118.

sibilita o acesso de cada sujeito ao gozo da palavra. Falta esta que diz respeito a uma falha na relação do sujeito com o Outro primordial de sua história, sendo este entendido como as estruturas simbólicas que ultrapassam as relações de parentesco. Então, para além da mãe ou do pai, o Outro é todo aquele que, em sendo lugar garantidor da lei de todo falante – é proibido não falar – é suporte desta função simbolizante que comparece como um discurso articulado, arrancando o infante do estado de desamparo no qual se encontra, antes do advento da fala. É preciso que entendamos que esta só advém se, na experiência do infante, lhe forem dadas as condições necessárias para a construção de um espaço imaginário para o sintoma que é o portar a palavra, no tempo de constituição de uma subjetividade que a sustente.

Se isso não ocorre as vicissitudes são dramáticas, como nos mostra a clínica das psicoses e autismos.

Mas pode também acontecer deste Outro acolher o sujeito em seu campo simbólico de aquisição da palavra e, no entanto, não ser suficientemente capaz de garantir-lhe o que estou chamando aqui de tempo de construção de um espaço imaginário para o sintoma.

As novas formas de organização social vêm mostrar que a presença de alguém no lugar do pai nem sempre é indispensável. O que não quer dizer que se possa prescindir da livre circulação de sua lei entre os membros de uma família. Então, a mãe ou responsável pela garantia de que há pai, há lei, há função paterna em funcionamento, assujeita-se, ela também, ao que aí lhe é significado: "és castrada, teu filho não é tudo o que responde ao teu desejo. É em outro lugar que este pode ser satisfeito e nesta direção encaminharás teu filho para que, ele também, possa vir a ser um desejante".

Neste trabalho trago algumas reflexões sobre uma experiência iniciada faz mais ou menos três anos, onde outros psicanalistas e eu temos testemunhado os efeitos do declínio do pai como figura garantidora da lei, bem como notamos a perpetuação de um desamparo para além da infância, fazendo com que estes jovens adolescentes escolham o olhar público das ruas na tentativa de "reparar" o que outrora foi precário demais no privado.

Arrolados sob a nomeação de "menores", crianças e adolescentes nas ruas são tão carentes de recursos materiais quanto de um olhar que neles reconheça um desejo particularizado. A criança sonhada no encontro de um homem e de uma mulher, abrigada dos olhares múltiplos e indistintos que compõem o anônimo da cidade, transforma-se no estranho, "menor infrator", que deve ser contido, deve ser entregue à justiça de menores, guardado em lugares onde o privado é público, lugares, pois, destinados a esconder a loucura da cidade. Que conseqüências podem advir de uma situação como esta, para sujeitos muitas vezes mal saídos da infância, ainda no tempo de reatualização do que foi aí estruturado? Nestas condições, qual a significação que pode receber uma criança e ou adolescente quanto ao que ela foi no desejo de seus pais?

Não é que esses meninos não reconheçam a lei simbólica, instaurada pela referência ao significante Nome-do-Pai. Ocorre que eles estão numa posição onde não podem valer-se desta filiação, onde o lugar da autoridade paterna está em falta, carente, desprovido da força significante capaz de dar consistência ao de que se trata aí. O que está em questão é a possibilidade, ou não, da inscrição de cada um destes meninos na ordem social, como decorrência do reconhecimento de sua pertinência a uma linhagem familiar. Se esta última não é capaz de garantir-lhes um funcionamento simbólico na ordem de parentesco, são as estruturas oferecidas pela sociedade que se tornam reais.

Não é mais a autoridade paterna que vigora, mas o poder, representado pela polícia e demais órgãos do Estado, todos bem reais.

É o Estado que vem ocupar-se da criança. Mas, de que criança se trata? Quem ele nomina deste modo, supondo saber, antecipadamente, quem pode responder por suas faltas?

Não parece ser o valor simbólico do exercício das funções do Estado como suplente de uma fragilidade da função paterna numa certa família, que intervém nestes casos.

O poder público vem aqui intervir de forma real – e não simbólica, como é esperado que se passe no privado de uma família – substituindo as incidências simbólicas da função paterna.

Quem trabalha com estes meninos e meninas conhece o modo transferencial que estabelecem com os lugares do poder público e o saber que aí se institui.

É sob a forma denegatória que se apresentam, negando qualquer acusação que lhes seja feita para preservar o lugar da verdade. Isto é, para manter um lugar de sujeito, sua posição subjetiva, eles costumam negar o que lhes é imputado, bem como contar fatos que às vezes não têm nenhuma relação com a realidade por eles vivida.

Considerando-se à margem do Outro simbólico, vendo-se sem inscrição nesse lugar, ou aí "se fazendo" presente pelo delito, pela delinqüência, estes meninos restauram um lugar de saber no Outro pela via do jogo que com ele estabelecem. Eles dramatizam na repetição de seus atos transgressivos aquilo que articula a pulsão de morte ao empuxo à vida. Brincam com a lei e nisto, jogando com a realidade que experimentam não só como fantasia mas no real do cotidiano de violência, esperam encontrar adultos que possam situá-los novamente como crianças, já que em suas famílias faltou-lhes a possibilidade de elaborar, no jogo da repetição do brincar, a realidade de uma posição subjetiva. Para eles, não só a brincadeira é séria – como para toda criança –, mas, bem real.

A vida desses meninos e meninas tem um traço comum: a violência de um "saber demais" que não deixa lugar para a interrogação sobre o quê eles poderiam desejar.

Se a constituição de toda subjetividade depende da relação ao semelhante e da referência à alteridade do Outro como lugar de falta, o que acontece quando um sujeito depara-se com esse Outro como "sabedor" do que lhe falta?

Esses meninos e meninas realizam em seus atos o que lhes faltou simbolizar: um trabalho de luto do objeto primordial, como o que possibilita toda e qualquer relação de objeto no simbólico e no imaginário.

Os objetos roubados promovem um gozo. O prazer é momentâneo e necessita de uma repetição constante. É sob a forma do roubo, da violação, da usurpação, que eles podem gozar da função fálica.

Os objetos roubados são objetos reais respondendo à ações simbólicas. Eles vêm suprir uma deficiência na efetivação do Falo como símbolo da falta. Para esses jovens a sociedade lhes deve algo, razão pela qual a culpabilidade muito raramente comparece em seu discurso.

Esses jovens ocupam uma posição de resto, de lixo do social. São, de certo modo, um produto da destituição da função do Pai na família que, impossibilitado de fazer valer sua lei e impedido de transmitir aos filhos o valor de sua autoridade, não pode detê-los em seu movimento de ganhar as ruas. Viver na cidade, longe de casa, torna-se não só uma forma de fugir da desesperança e da violência doméstica mas, sobretudo, um modo de preservar o espaço da fantasia e do brincar.

Por outro lado, os lugares que se propõem como substitutos para a casa familiar são rígidos em suas regras de convívio, cheios de normas arbitrárias que não respeitam o tempo necessário a cada menino para elaborar sua relação com o lugar onde se faz a Lei e assujeitar-se a esta. Isso quer dizer que no tempo em que isso deveria acontecer, tempo este de constituição do psiquismo, são regras arbitrárias, muitas vezes insuportáveis, que respondem no lugar onde o sujeito esperava pelo assentimento do Outro, prova de seu amor. Se este não funciona como o que é capaz de deter a satisfação pulsional (porque tem-se medo de perder o amor do Outro) não há limites para as ações às quais o sujeito se lança.

Na "urgência de vida" que é particular a estes meninos, tudo é feito e vivido imediatamente. Suas ações vêm ocupar, portanto, o lugar do que, em outras condições, caberia ao sublimatório da assujeição às normas da cultura.

Por estarem menos submetidos aos efeitos de recalque promovido pelo submetimento ao laço parental, esses meninos parecem ser menos neuróticos do que os outros. Diria, inclusive, que há uma incidência bem menor de casos de psicose e perversão, ao contrário do que muitos imaginam.

A mesma "urgência de vida" parece mantê-los numa relação mais próxima com o que seria o lugar do desejo, uma vez que o tempo do desejo é o mesmo do sujeito em seu ato. Além disso, esses meninos não costumam apresentar uma culpabilidade. Se a culpa oblitera o sujeito em seu desejo, parece que esse contingente de jovens, mesmo que não saibam nomeá-lo, guardam uma relação de proximidade com a verdade do desejo.

Por último, gostaria de lançar uma questão que é, para mim, a razão do trabalho de pesquisa sobre a constituição do sujeito, que venho realizando não só junto a estes meninos e meninas mas, também, junto aos bebês de uma creche da prefeitura da cidade do Rio de Janeiro:

No quê o modo de funcionamento destes meninos em seu discurso teria a ver ou faz apelo ao discurso psicanalítico?

Essa é uma questão bastante instigante que tem-me feito pensar observações que gostaria de fazer aqui:

1a) a relação desses meninos com o Outro é fundada numa suspensão de sua posição de alteridade, de Lei. Assim sendo, o movimento de desafio com o qual relacionam-se com este lugar é seu modo de demandar que a Lei se cumpra, isto é, que sejam reconhecidos pelo amor desse Outro, através dos limites Simbólicos que este venha lhes impingir para que sejam reconhecidos como sujeitos. A ordem social os produz como resto, dejeto. Eles almejam um lugar de sujeito, o que se coloca na estrita dependência do amor do Outro. Mas que Outro seria capaz de amá-los no modo como se apresentam?

2a) A nominação "de menor" dificulta-lhes a constituição de uma significação de falta própria ao sujeito, que lhes permita serem senhores de seu desejo.

Nada se ignora sobre eles, já que todos sabem demais sobre a sua história, e a tornam pública nos prontuários e relatórios.

A eles é demandado que se adaptem ao sistema. Mas a partir de que lugar poderiam fazê-lo?

"As crianças interpelam-nos nesse saber sobre a infância quando esse saber exclui o próprio infante, constituindo-lhe uma vida paralela, inscrita em um prontuário que fala da história oficial, de uma causa judicial, confundindo-a com uma história de vida que não é historicizada por seu proprietário. Uma história é constituída sem atender à constituição subjetiva quando a causa é nomeada antes do nome de seu dono".[2]

Ao serem nomeados como "de menor" lhes é velado o lugar de singularidade subjetiva no qual poderiam questionar-se de suas ações inscrevendo-as, simbolicamente, em suas histórias de vida.

---

[2] MIÚCELLI, Mercedes S. "A novela social sobre a infância desamparada". Dossiê.

A legalidade de pertinência a um certo núcleo familiar não deve ser considerada longe do que foram as razões que levaram esses meninos a fazerem a "escolha forçada" das ruas. Assim sendo, não é suficiente brandir o ideal da sociedade que diz que cabe aos pais ocuparem-se de seus filhos até a idade da dita "maioridade". Porque nem sempre estes pais podem oferecer o acolhimento necessário que viabilizaria – no só-depois de feito o luto da criança que foram para seus pais – o rompimento necessário à assunção de uma "maioridade" que é, na verdade, assunção de falicidade.

Gostaria, para terminar, de levantar uma última questão. Ela diz respeito ao que me parece ser a posição desses meninos em relação ao discurso que habitam.

Estando este mais próximo do discurso do mestre, não estabelece, no entanto, nenhuma dialética com os outros discursos.

A primeira conseqüência aparece no fato de que suas ações parecem tentativas malogradas de fundar uma nova lei, um novo S1, um novo significante-mestre que lhes garanta uma posição subjetiva, um lugar de sujeito. Fazer-se reconhecer como um nome, ter a identidade deste nome – que é um apelido dado em função de seus feitos – eis a razão pela qual arriscam obter ganhos fortuitos, muito aquém dos riscos que correm.

Sempre por um fio, a vida vale o que dela se pode gozar no aqui e agora. Não importa o passado e o futuro é sempre nebuloso.

Eles não têm nenhuma aspiração de um dia obterem o que podemos chamar de sonho de todo burguês. A vida é, para eles, pura adrenalina a ser utilizada nos feitos – cada vez mais ousados – dos quais são o agente.

"Estamos cada vez mais familiarizados com as funções de agente. Vivemos numa época em que sabemos o que isso veicula – falsificações, publicidade, troços para vender. Mas sabemos também que é com isso que a coisa funciona, o ponto em que estamos da eclosão, do paroxismo do discurso do mestre numa sociedade que encontra aí seu fundamento".[3]

---

[3] LACAN, J. O seminário, livro 17 (1969-1970), *O avesso da psicanálise*, Jorge Zahar Editor, Rio de Janeiro, 1992. p. 119.

Aos psicanalistas cabe a reflexão sobre o quê o discurso psicanalítico poderia operar de modificação, tanto no discurso social quanto no discurso destes meninos, para que pudessem, de fato, sair do lugar de exclusão no qual vivem.

A quem cabe a responsabilidade das ações cometidas por esses meninos na medida em que eles são – do ponto de vista do que seria a responsabilidade de um sujeito – irresponsáveis?

Como transmitir-lhes os valores que regem o convívio social se lhes foi negada a função simbólica do dom de amor?

Como fazê-los suportar o peso da responsabilidade que cabe a cada sujeito se os tratamos como se objetos fossem de nossos mais inconfessáveis ideais?

Quero terminar com uma citação do texto de Lacan, "Funções da psicanálise em criminologia" onde ele nos diz que: "Para nós, dentro dos limites que nos esforçamos por definir como aqueles a que nossos ideais sociais reduzem a compreensão do crime, e que condicionam sua objetivação criminológica, se nos é possível trazer uma verdade de um rigor mais justo, não nos esqueçamos de que devemos isso a uma função privilegiada: a do recurso do sujeito ao sujeito, que inscreve nossos deveres na ordem da fraternidade eterna: sua regra é também a regra de toda ação permitida a nós".[4]

[4] LACAN, J. *Escritos.* Jorge Zahar Editor, Rio de Janeiro, 1998. p. 151.

Dos Ritos de Passagem à Passagem ao Ato

Abílio Luiz Ribeiro Alves

Psicanalista. Membro da Escola Lacaniana de Psicanálise – R.J.

> *"O grund é um país inteiro! Vocês não o sabem porque nunca lutaram pela pátria (...)"*
>
> *"Olhem-me bem: agora sou capitão! Combati pela pátria, morri pela pátria (...)"*

Introdução

Ardendo em febre e já delirando, Ernesto Nemecsek grita estas palavras. Trata-se de um romance de 1907, de Ferenc Molnár, *Os Meninos da Rua Paulo*. Não são crianças, adultos ainda não, mas já apresentados por um significante que marca a distinção sexual.

A trama gira em torno de uma guerra travada entre dois grupos pela disputa de um grund, um terreno baldio. Para um grupo de meninos aquele não era um pedaço de chão qualquer; ali eles se encontravam para brincar, jogar e compartilhar a juventude. Mas o grund não era um lugar sem lei, havia hierarquia e regras a serem seguidas. Num dado momento a posse do território é ameaçada por um grupo rival.

Este romance foi bastante lido por algumas gerações de adolescentes. Sua trama fala de coragem, honra e ética. Não por acaso, recomendado para meninos em idade de criar juízo! Importante ressaltar, um romance onde meninas não entram! Talvez elas venham só depois, entretanto, não para Ernesto! Ernesto Nemecsek é o menor e o único soldado raso de todo o grupo. Mas de bom grado, aceita a hierarquia obedecendo prontamente as convocações de seus superiores. De forma resignada, suporta a humilhação de ter suas bolas de gude tomadas por garotos do grupo rival. Ele não reivindica nada para si, quer apenas cuidar do *grund*, realizando bem suas tarefas de subordinado. Porém, há algo bastante significativo, ele goza da afeição do líder e general do grupo, João Boka. A iminência da guerra vai aproximar definitivamente estes personagens. Boka o designa ajudante-de-ordens, isto significa que Ernesto vai combater ao seu lado. E é claro que isto provoca ciúmes! Para defender o terreno do assalto dos *Camisas Vermelhas,* Nemecsek lança mão de sua coragem e determinação, mas ainda assim será acusado de covardia e traição. Contudo, coloca os objetivos de guerra acima de sua própria fragilidade física e debilidade de sua saúde; desta maneira, paga com o preço de sua própria vida após a batalha final. Coube a ele derrubar o general inimigo, mesmo estando muito doente. Seus feitos heróicos são reconhecidos através do testemunho de Boka.

Os meninos ganharam a batalha, mas perderam o *grund*, pois ali iria se erguer mais um edifício. Depois da perda do terreno e da morte de Ernesto, Boka e os outros garotos já não seriam mais os mesmos. No fim do século XIX, em Budapeste, um menino morria muito jovem, cedo demais! Que seja dito, numa guerra de bombas de areia!

Há registros, em diversos períodos da história, de ritos que marcam a passagem para puberdade. Hoje, entretanto, para além destes ritos, testemunhamos a multiplicação de casos onde jovens precipitam-se, justamente neste momento de passagem, sobre atos fatais contra si ou outrem. Diante da velocidade das notícias e da banalização de alguns fenômenos sociais, nem sempre nos interrogamos quanto a estes fatos. Em *Os Meninos da Rua Paulo* temos algo sutil. Para alguns leitores, a morte do personagem é atribuída às contingências que o levaram ao agravamento de seu estado físico e de saúde. Contudo, certas passagens do romance nos mostram que Ernesto dispõe de seu próprio corpo e integridade física em favor de sua causa. Ali onde a guerra deflagrada poderia ter a função de um rito de passagem para o personagem, o que se deu foi da ordem de uma passagem ao ato. Neste ponto, partindo de considerações sobre a função dos ritos de passagem vou tentar chegar à problemática das passagens ao ato.

Sobre os ritos de passagem

Freud postula um assassinato – o assassinato do pai. Revoltados contra a força e o poder do macho poderoso, os filhos unidos o matam e o devoram. Ali onde imperava a força, antes que o ímpeto dos instintos fosse aplacado, "no princípio foi o ato". Neste mito sobre as origens, há um ponto fundamental: a identificação com o pai é posterior ao seu assassinato e devoramento, quando não haveria mais a imposição de sua força e tirania. Significa dizer que o lugar simbólico do pai remete-nos a uma presença – ausência. Esta é a forma como Freud pôde representar um momento crucial de passagem – do pai imaginário, com seu gozo ilimitado, ao pai morto e seu retorno como lei, como significante.

Mariscal e Becker apontam para a seguinte questão: "Mostra-se neste mito que o pai simbólico é o pai morto, um lugar que se deve instaurar na estrutura."[1] Temos então aqui a dimensão de um ato.

Na formulação freudiana sobre o Édipo, o pai marca uma interdição, uma perda de gozo na relação mãe-filho. Do lado da mãe, o pai vem apontar para um desejo além da criança – desejo sexual. Ainda segundo Mariscal e Becker, a interdição paterna incide sobre um querer saber sobre aquilo que não há: a relação sexual. Uma escritura deste impossível no inconsciente acarreta uma disjunção entre sujeito, saber e gozo, introduzindo a dimensão desejante ali onde há perda de gozo. Na clínica psicanalítica, freqüentemente observamos como a perspectiva de um mais-gozar faz obstáculo ao desejo. Desta maneira, o pai institui um caráter ordenador, capaz de permitir ao sujeito constituir e operar subjetivamente algo de particular quanto ao seu desejo, justamente neste ponto de encontro com o impossível da relação sexual.

Mas introduzi a questão do pai, no que ela articula uma passagem do pai imaginário para o pai simbólico, pensando a questão dos ritos. Nos argumentos para esta jornada, a adolescência é referida ao momento das definições no campo sexual, profissional e familiar. Há, assim, uma convocação dirigida ao sujeito. Entretanto, a entrada na adolescência vem aproximá-lo da emergência real do impossível da relação sexual, confrontando-lhe com suas possibilidades frente ao que chamei de pai simbólico. O acesso ao ato sexual é prometido pela via da assunção da castração, contudo, há um adiamento. Este tempo adiado de emergência real da impossibilidade da relação sexual vou chamá-lo de tempo para a estrutu-

---

[1] MARISCAL, Diana Lídia e BECKER, Paulo. "Versões do pai", in *Do pai – o limite em Psicanálise.* Letra Freudiana, Ano XVI, nº 21, Revinter, Rio de Janeiro, 1997, p. 33.

ra. Não se trata de acontecimentos ordenados cronologicamente, mas da constituição da subjetividade.

Rassial[2] define este confronto com o impossível da seguinte maneira: o impossível da relação sexual, o infinito espacial do mundo e o impossível da morte, quando a finitude paterna afirma-se sem que seja necessário seu assassinato. Recentemente, num evento organizado pela Escola Lacaniana de Psicanálise do Rio de Janeiro, o psicanalista Charles Melman apresenta assim o pai real: é aquele que está em casa, pois se estivesse no real, seria a psicose. A lembrança que um adolescente tem de seu pai é um corpo físico cujas características são percebidas violentamente. Como se ele não devesse estar lá. Como se o fato de estar ali presente não permitisse que fosse simbolizado. Há um nojo em relação a este corpo. O que faz o pai real desaparecer, traz alívio à criança. Ele não é semblante, ele sustenta um nome.

Vemos como o pai da realidade doméstica suporta e sustenta um nome para seus filhos. Lacan nos diz que isto é da ordem do necessário. Mas sua presença física é incômoda. Já não se trata de sua onipotência e onipresença imaginárias, senão da desestabilização das idealizações em torno do pai. A dimensão de sua finitude é efeito desta presença real. Contudo, há aqui algo fundamental: se a finitude se coloca para o pai real, a função que encarna é transmissível. Aqui, estabeleço uma relação estreita entre finitude e transmissão. Vamos ver como isto comparece na questão da adolescência.

Não foi por acaso que, ao abordar o pai real, Melman falou do adolescente. Convocado a certas definições no contexto social, ele vai contracenar com um novo grupo, vai compor novas cenas. Em *Os Meninos da Rua Paulo*, percebemos isto de maneira bastante explícita. Longe do olhar dos pais, distantes do controle disciplinador da escola, eles brincam no *grund*. Mas ali estabelecem leis e regras. Elegem um presidente-general, pois é claro que necessitam de alguém em um certo lugar de sustentação. A guerra é então declarada. Este torna-se um momento crucial de afirma-

---

2 RASSIAL, Jean Jacques. "O sinthoma adolescente", in O adolescente e a modernidade. Companhia de Freud, Rio Janeiro, 1999, p. 43.

ção da relação de cada menino com o grupo, com o seu exército. É neste sentido que vejo um momento de passagem, que digo que esta guerra de bolas de areia vai operar como rito.

Rodrigues Tatsch sugere o termo rito de iniciação e define: "A iniciação é um rito de passagem comportando uma morte e uma ressurreição simbólicas. Ela pode ser concebida como uma sublimação. Através da iniciação ao culto, as relações do sujeito com os membros do grupo social são modificadas e o espírito, que se transforma em gênio tutelar, é um representante da lei que assegura a prosperidade e a descendência."[3]

Havia uma motivação naquela guerra: a afirmação do submetimento às leis e regras compartilhadas. Enquanto rito, evoca o pai simbólico. Neste tempo para estrutura que um rito vem representar, nesta evocação e retorno do pai, a morte compareceu em sua dimensão real, não de maneira simbólica. Se um rito permite um renascimento e reorganização da subjetividade, o que se deu para Ernesto foi algo de outra ordem.

Passagem ao ato

Este romance, sobretudo este personagem, traz-nos algo de muito atual em seu destino – o modo como ele dispõe do próprio corpo no desenrolar da trama. Na clínica com adolescentes, freqüentemente deparome com situações de exposição à violência física, o abuso de drogas e da velocidade, ainda o próprio sexo enquanto jogo de risco. Assim, o corpo é colocado em situações limítrofes entre êxtase e morte, excitação e nadificação.

Em suas sessões, os adolescentes queixam-se que estão deprimidos. No discurso médico-científico, a depressão tem o estatuto de uma doença sem sujeito. O que é privilegiado é um corpo submetido a determinados estados e processos neurofisiológicos, onde o doente está destituído de sua subjetividade.

Quinet afirma o seguinte: "A quantidade e variedade de antidepressivos que desaguam no mercado e a facilidade do consumidor

[3] TATSCH, Carmen Rodrigues. O Limite em Psicanálise, op. cit., p. 111.

a seu acesso fazem da hetero e da automedicação um solo propício para uma nova toxicomania que foraclui a implicação do sujeito no estado depressivo."[4]

Esta foraclusão não é um problema restrito à questão das psicoses, pois o neurótico vai encontrar na destituição da subjetividade, autorizada pelo discurso médico-científico, uma maneira de não reconhecer sua implicação no gozo que obtém com sua dor, com seu sofrimento. Afirmei aqui que o gozo faz obstáculo ao desejo; mergulhado no gozo da dor, o sujeito nada quer saber do desejo.

De que maneira isto se remete à questão da adolescência? Falei de um tempo para a estrutura. A adolescência vem ratificar o ato de instauração do pai. Se o infantil diz respeito à construção fantasmática sobre a questão: *O que queres de mim*? o adolescente pergunta-se: *Tive um pai*? A descendência é a forma como o sujeito vai situar-se na cadeia das relações humanas e fazer laço social. A finitude e a queda dos ideais sobre o pai desvelam uma fratura no simbólico, um impossível de dizer sobre ele. A castração, enquanto registro simbólico, remete cada sujeito à perda e ao luto. Mas esta é a condição para que se possa desejar.

Contudo, a convergência deste momento de luto com um discurso que foraclui a subjetividade da dor psíquica pode levar um adolescente a uma saída mais radical: uma passagem ao ato.

O sociólogo polonês Zygmunt Bauman, em publicação recente[5], introduz o conceito de modernidade líquida. Ele aponta para um imperativo que se impõe aos nossos dias: *derreter os sólidos*. O que isto significa? Significa repudiar a tradição, trata-se do processo de liquefação dos resíduos sólidos do passado no presente. Este imperativo exige a substituição do velho e deteriorado pelo novo e aperfeiçoado. Para este autor, esta nova ordem deixa toda a complexa rede das relações sociais desprotegida para resistir aos avanços dos critérios da racionalidade do universo dos negócios e do poder econômico. A "magnífica indústria dos psicofármacos" é

---

4 QUINET, Antônio. "Atualidade da depressão e a dor de existir", in *Extravios do Desejo – Depressão e Melancolia*. Marca d'água Livraria e Editora, Rio de Janeiro, 1999, p. 88.

5 BAUMAN, Zygmunt. *Modernidade Líquida*. Jorge Zahar Editor, Rio de Janeiro, 2001, p. 10.

um exemplo deste novo aperfeiçoado. Se de um lado, o sujeito depara-se ou é invadido pelo imperativo que o destitui de sua posição desejante, tanto mais ele necessitará de um pai que o faça desejar. O mito freudiano nos mostra que o pai morto é operante, ele nos permite desejar. Mas o que acontece quando o pai é chamado e não responde?

Uma primeira hipótese, é a própria instauração da psicose enquanto ato. Schreber faz suplência ao corpo, no que este corpo está em função do gozo de Deus; estabelece assim uma possibilidade de dar testemunho de sua experiência. Todavia, nem sempre a produção delirante é capaz de fazer anteparo a invasão do gozo do Outro na psicose; em alguns casos o suicídio pode ser uma tentativa de fazer este gozo cessar.

A segunda hipótese é a de melancolia. Sobre isto nos diz Freud: "(...) a libido livre não foi deslocada para outro objeto, foi retirada para o ego. Ali, contudo, não foi empregada de maneira não especificada, mas serviu para estabelecer uma identificação do ego com o objeto abandonado. Assim a sombra do objeto caiu sobre o ego (...)."[6] Novamente neste caso, o corpo pode vir a ser a moeda corrente. Não se trata aqui de um pai morto e operante (pai simbólico), mas de uma falta mortificante do pai, que lança o sujeito num gozo de morte. Hoje encontramos casos de jovens melancólicos que, no lugar de discursarem sobre sua desgraça moral, atuam sobre seu próprio corpo, num processo de degradação de vida silencioso e muitas vezes fatal.

Finalmente, a hipótese com a qual venho ocupando-me: a *pressa de existir*. Alguns jovens dão sua própria vida para que sua existência e valor consistam diante do Outro. Dão a vida e entram para história! Um ato heróico e derradeiro do neurótico. Aqui, os ritos que evocam o pai, dão lugar às passagens ao ato. É a minha hipótese sobre Ernesto. Alguns analistas que teorizam esta questão talvez façam a objeção de que se há endereçamento ao Outro, então o que temos aqui é da ordem de um acting. Ainda assim, manterei minha hipótese.

---

[6] FREUD, Sigmund. Luto e Melancolia, vol. XIV, E.S.B., Imago, Rio de Janeiro, 1974, p. 281.

Concluindo, devo dizer que o tema *Depressão e Suicídio* não é nada fácil de abordar. Entretanto, é necessário falar sobre isto. Suporto o mal-estar implicando-me com a psicanálise, pois acredito na possibilidade de uma travessia da posição fantasmática à retificação subjetiva da dor de existir.

Para esquecer

Sandra Regina Felgueiras

Psicanalista. Membro da Escola Lacaniana de Psicanálise – R.J.

O título é uma criação de Lacan, em epígrafe no texto "Os públicos de Freud", de Mayette Viltard[1]. Nada melhor, me parece, para começar um estudo sobre a questão da publicação do que começar por um escrito.

A expressão em francês é *p'oublier*, que traz o *oublier*, o "esquecer", e o *publier*, o "publicar". Além disso, essa nova formação do inconsciente – esse sintoma – produz, parece-me, uma nova possibilidade de leitura de uma outra formação, a *poubellication*, a "publixação" (de *poubelle*, "lixeira", e *publication*, "publicação"). A insistência dos elementos literais vem, mais uma vez, afirmar que só há causa material e mostrar a ligação estreita entre "publicar" e "esquecer".

No entanto, voltaremos a essa ligação mais adiante.

Vamos começar pela menção das questões com que a secretaria de publicação da Escola Lacaniana de Psicanálise tem-se defrontado. No decorrer de nossos encontros semanais, várias situações têm ocorrido, exigindo discussão e decisão. Além de termos uma equipe nova no trabalho da publicação, com o número de "atividades publicatórias" que temos ultimamente a publicação tem andado sempre "atrás", sempre em atraso quanto aos acontecimentos que podem dar origem à publicação. Em nossas reuniões, concluímos que uma forma de poder imprimir um ritmo antecipatório à publicação seria definir teoricamente o lugar da publicação numa escola de psicanálise. Talvez se possa dizer: definir uma tática, uma estratégia e uma política de publicação da Escola Lacaniana de Psicanálise.

Uma primeira definição: a secretaria é nomeada "Secretaria de Publicação", ponto – sem plural e sem "e".

---

[1] Publicado em Littoral, nº 17, setembro de 1985, Érès, Paris, pp. 3-15.

A partir daí, podemos, em função de algumas perguntas que me tenho feito, delinear alguns pontos que considero cruciais para a circunscrição de um lugar, um dos lugares da Escola, e que proponho norteiem os trabalhos de nossa secretaria de publicação – nossa, da Escola Lacaniana de Psicanálise – no sentido de produzir a teorização da "direção" de uma publicação na Escola:

— Quanto à publicação:

- O que é publicação, *em psicanálise*?
- O que se publica, ou "se publica"/"se escreve" em psicanálise?
- O que se publica *em nome* de uma escola – de psicanálise?

— Quanto à Secretaria de Publicação:

- Que lugar pode ocupar a Secretaria de Publicação numa escola – de psicanálise?
- Que estratégia, que tática e que política podem nortear o trabalho desta Secretaria numa escola que possam definir seu lugar como demarcado?
- Como, a partir desse lugar, constituir laços com outros lugares da Escola?

Devo dizer que tenho sido particularmente instada por um dos membros da Secretaria de Cartéis, Luciana Abi-Chahin Saad, para uma articulação entre a Secretaria de Publicação e a Secretaria de Cartéis.

Estamos estudando para, quem sabe, produzir respostas às questões que nos são colocadas pelo trabalho de publicação.

Por hoje, vamos fazer uma abordagem do texto de Viltard, já citado, que está sendo uma de nossas leituras na Secretaria de Publicação. Neste, Viltard analisa a relação de Freud com a "publicação" – de Fliess ao Verlag – e a passagem de um *Publikum* a um *Öffentlichkeit*, não concluída por Freud. As duas palavras, *Publikum* e *Öffentlichkeit*, são o público, mas com particularidades: o *Publikum* é um público especial, escolhido, o público dos "iniciados"; o *Öffentlichkeit* é o público qualquer.

Apenas como observação, porque não vou desenvolver hoje esse assunto, gostaria de lembrar que é preciso delimitar melhor o que, em psicanálise, é da ordem do público ou do privado. Talvez seja importante essa lembrança porque a diferença *Publikum*/*Öffentlichkeit* não se sobrepõe à diferença privado/público, como nas ciências sociológicas.

Portanto, como não é objetivo deste texto desenvolver essa última, vamos continuar a tentar delimitar a questão do público como exposta por Viltard, isto é, a questão de quem é "meu" público, de "quem é que me assiste" (nas diversas acepções do "assistir").

É partindo das cartas trocadas entre Freud e Fliess que se recorta, no texto de Viltard, a questão envolvida nessa diferença *Publikum*/*Öffentlichkeit*. Quem era o Outro de Freud nesse momento? Era Fliess, aliás, o Único Outro. Era para Fliess que Freud escrevia, para esse "público" – esse direcionamento de Freud não se restringe às "cartas" enquanto aquilo que se posta em uma agência de correio, porque seus textos eram como que "cartas a Fliess", eram também co-respondência.

Mas eis que, no momento em que Freud elabora seus sonhos, a "interpretação dos sonhos", Fliess não abre mão de seu lugar de Outro: ele o encarna, não reconhecendo, diz Viltard, "seu próprio desejo no uso em falso que Freud faz de sua pessoa, dele, Fliess, e sustenta de toda forma que sua função de *Publikum* não é devida ao saber suposto de que Freud tem necessidade, mas a seu saber, dele, Fliess, que Freud situará mais tarde como paranóico".

Não vou detalhar o texto, porque encontramos aqui o recorte que estamos fazendo hoje. Apenas lembro que, para Viltard, isso não deixará de ter conseqüências para as "publicações", que Freud nomeava "meu pobre Verlag", ou "meu caro Verlag".

Freud fica, portanto, em "mal de autor": se antes podia assinar seus escritos "assegurado que estava de que sua assinatura não era a de um autor", com a retirada de Fliess como *Publikum* ao querer este manter-se como Único *Publikum*, quer dizer, ao não permitir essa passagem, essa passagem de um Outro ao outro, de (I) a (a), Freud passa – passagem ao ato – ao *Öffentlichkeit*, mas não efetua, não pode "contar-se três" nessa passagem do *Publikum* ao *Öffentlichkeit* – o que se repete, por exemplo, na publicação de "Para introduzir o narcisismo" após a ruptura com Jung, ou de "Inibição, sintoma, angústia", após a ruptura com Rank.

No entanto, não se trata, segundo me parece, na "passagem" do *Publikum* ao *Öffentlichkeit*, de uma disjunção exclusiva, isto é, não se trata de que essa "passagem" se dê por uma coisa ou outra. A questão em jogo é a da "personação". O que vemos é Freud em busca de um reconhecimento, de uma personação no *Öffentlichkeit* que, este, continua a ser esse público em geral, próximo da "opinião pública", talvez se possa dizer, pelo qual Freud continua a ter desprezo, ou melhor, no qual ele não pode ver o "seu" público. Como Viltard aponta:

> Freud passa a esperar um sinal de reconhecimento, de *Anerkennung*, da parte desse público qualquer, ou da parte de uma parcela desse público transformado em *Publikum*, mas não, nenhum sinal vem nesse sentido, os críticos são maus, os ventos muito fracos. A distinção entre os dois públicos torna-se cada vez mais clara. "Não conto ser reconhecido, ao menos durante minha vida. Que possa ser de outra forma para ti! Ao menos podes endereçar-te a um *Publikum* mais esclarecido..."[2]

Então, o que acontece é que o *Publikum* que ele espera no *Öffentlichkeit* o "decepciona", deixando-o sem vontade, sem desejo, sem causa...

Aqui também podemos apontar algumas questões que se referem à publicação especificamente: qual é diferença entre o par de opostos universal-particular e singular-plural? Qual é a diferença entre uma generalização e uma universalização?

De algum modo, parece-me ser por isto que a autora traz a questão do chiste. Neste, o que está em jogo é, talvez possamos dizer, a efetuação, a produção de *Publikum* no *Öffentlichkeit*: um público "da paróquia", mas sem rosto, uma não-pessoa.

Não é à-toa também que essa questão surge quando estamos falando de publicação: *p'oublier*, *publier*, *poubellication*. Em alemão, o termo corrente, ainda segundo Viltard, quando nos referimos à publicação é

[2] Carta de 8.1.1900 (trecho extraído do texto citado).

veröffentlichen. Freud, no entanto, usa *publiezeren*, o que seria uma indicação dessa impossível passagem, para Freud. No entanto, arriscamo-nos aqui a dizer que Freud, aí, não se engana: não há um sem o outro e é por isso mesmo que Freud fica em "mal de autor".

Vou apenas lembrar aqui a questão presente em uma edição de *Scilicet* na qual, a exemplo do grupo Bourbaki, uma coletânea de textos é publicada sem a indicação dos autores de cada texto. Claro que, pelo sim pelo não, todos sabiam, de algum modo, de "quem" era cada um dos textos publicados... Talvez se tenha criado um outro "ideal", logo desbaratado pela pregnância dos nomes próprios.

Este, certamente, também é um dos pontos que teremos que discutir para poder pensar a "publicação" na Escola Lacaniana de Psicanálise.

E o esquecimento? Esqueci.

Obs.:

Hoje, quando entrego o texto para publicação – embora, de uma forma ou de outra, ele já tivesse sido entregue antes –, talvez pudesse dizer algo mais sobre as questões que apenas tangencio no texto que apresentei há alguns meses.

Por exemplo, há um capítulo interessante no livro de Jean-Pierre Winter – *A histeria masculina* – sobre a memória e o esquecimento. Há muitas coisas a ler e elaborar, também, no livro *O inconsciente e seu escriba*, de Moustapha Safouan. Além disso – e muito importante –, há uma análise do "efeito de lista" no livro de Jean Allouch *Letra a letra*.

No entanto, esse tangenciar é a forma própria do "dizer": que haja conclusão, asserção de certeza, na publicação de um dizer.

Resenha do livro *Elissa Rhais*

Paul Tabet,

Editora Companhia de Freud

Maria Teresa Palazzo Nazar

Psicanalista. Membro da Escola Lacaniana de Psicanálise – R. J.

Elissa Rhais... nome instigante que intitula um dos romances mais surpreendentes das últimas décadas. Em sua sonoridade evoca os mistérios do Oriente, sua cultura rica em procedimentos que encantam aqueles que dela aproximam.

Paul Tabet escreve esse livro como um modo de elaboração daquilo que lhe foi transmitido por seu pai. É na e pela escrita, portanto, que encontra a melhor forma de expurgar seus fantasmas e, sobretudo, os não-ditos daquele homem taciturno e, ao mesmo tempo, herói seu e de dois mil e quinhentos operários argelinos.

O livro começa descrevendo o amor e a admiração de um filho, por seu pai para, logo em seguida e mudando o enfoque, apresentar suas diferenças. Não esperem encontrar neste romance as mesquinharias que fazem parte do cotidiano das pessoas. Irão defrontar-se com as grandes questões da curta existência de cada um. As dificuldades em assumir diante de si mesmo o preço de seu desejo, a angústia frente aquilo que, em última instância, não se sabe: "queres aquilo que desejas?" Durante todo o tempo de leitura essa frase ecoa ao fundo lembrando-nos que a estória contada é a de todo homem em conflito.

Sua existência mundana e sua vida subjetiva tão próximas e, ao mesmo tempo, tão díspares.

Vocês encontrarão muito mais do que a simples descrição da vida nos haréns. O maior mérito deste livro é o modo dramático mas fascinante, com que ele nos apresenta a cultura de dominação do homem pelo homem. Trata-se, portanto, de um romance político-social que retira os véus de uma cultura mergulhada em sedutores mitos, mostrando a realidade cruel de que toda forma de submissão é antes submissão subjetiva e que a liberdade é sempre relativa.

A pior escravidão não é a do corpo, mas a da alma!

A narrativa percorre vários momentos dos personagens centrais, Raul, seu filho Pierre e Leila, sendo que o foco central recai sobre o primeiro e o último.

Raul é um homem atormentado pelo saber. Ele *sabe* que há uma dívida com seu desejo a ser paga.

Ele amou quem pensava odiar e o horror dessa descoberta apresenta-se quando a morte vem interpor-se entre ele e o objeto de seu interesse. Como admitir que durante tanto tempo foi escravo "voluntário", não de uma mulher apenas, mas de sua musa inspiradora?

Como admitir que aceitou a opressão, o anonimato em seus próprios textos, a escravidão sexual, não porque havia uma dívida com seu algoz, a ser paga com o preço de sua carne e seus sonhos, transformados em belas estórias, mas porque as paixões são sublime escravidão.

Cego para seu desejo, Raul passa a vida espreitando o momento de sua libertação quando, na verdade, sendo escravo da vontade de Leila era livre em sua criação.

No fim da vida, esse homem atormentado pelo destino que ele mesmo traçou sem o saber, vê-se no compromisso de transmitir, a seu filho, o drama de sua história. Ele fez mais que isso.

Pierre / Paul Tabet brinda-nos com um primoroso livro, onde uma vida privada é trazida a público sem tornar-se obscena, ao mesmo tempo que nos apresenta o que povoa nossa imaginação sobre os haréns e seus sultões, de forma realística e nada vulgar.

Leila é um personagem fascinante. Ela é aquela que de escrava torna-se senhora da vontade de Raul.

Ela é a suposta autora de toda a obra escrita por Raul.

Arranca-lhe sua condição de autor assinando seus livros com um nome forjado, a partir dos nomes e das vidas dela e de Raul: Elissa Rhais é, assim, a ficção de Leila escritora ... No momento em que deve receber a "Legião de honra", condecoração máxima dada pelo governo francês, essa mulher árabe, que iria realizar o sonho de ser reconhecida — em sua cultura de mulher oriental deve ocupar sempre uma posição discreta, sem importância além da reprodução – como um expoente da literatura mesmo sendo analfabeta, não consegue! É só nesse momento derradeiro que sua vida se separa da vida de Raul. É no instante da glória sonhada que a verdade de sua condição vem a público: Elissa Rhaís, a escritora, é uma farsa! Quem escreveu todas as estórias, que por tantos anos encantou árabes e europeus, foi seu sobrinho, Raul. Ela o manteve durante dezesseis anos cativo, como ela o foi outrora!

O peso dessa revelação tem efeito terremoto em sua vida mas, também, na vida de Raul. Nenhum dos dois, nem os leitores desse livro fantástico, sairão incólumes dessa experiência ... O efeito desta revelação é da ordem da repetição da transmissão de um saber sobre os limites possíveis do desejo.

Raul, no fim da vida, transmite a seu filho Pierre / Raul, cujo nome verdadeiro apresenta modificação da primeira letra – Raul, Paul – o saber sobre a verdade de sua própria estória. Se Elissa é um prenome feminino, Rhaís é nome de homem, o "mestre", "o chefe", lhe diz Leila, no momento mesmo em que lhe propõe o pacto que selará a união dos dois por tanto tempo. Raul revela ao filho: "É, na verdade eu deveria ter desaparecido há trinta anos. Desde então, fingi interessar-me pela vida. Mas quantos esforços inúteis! Viver é uma performance e, ao contrário de meus compatriotas nascidos na mesma terra que eu, nunca tive o gosto da performance. Hoje, não tenho mais nem a idade nem a força ..."

"Mas de qualquer modo você acabou escapando. Casou-se, teve dois filhos, uma profissão, uma atividade sindical, amigos, amantes. Pôde portanto viver, após uma história como essa. Não é a prova de que no fundo devia continuar a lutar, a criar, a amar?"

"Teve então que aprender a vida antes de aprender a defender a dos outros. Pouco capaz de assumir, encontrava-se mais ou menos no mesmo estado que Leila ao sair do harém, em 1914. Acaso da história? Não estaria ele condenado a conhecer o mesmo destino que seu duplo? Porém, de certa maneira, a guerra lhe fez bem: lavou-lhe a alma. Forçou-lhe a memória ao esquecimento provisório".

"Três semanas tinham então transcorrido. Três semanas durante as quais Raul se despejava no filho como uma transfusão, como um enxerto, que fazia gotejar entre eles canais, enchendo-o com tudo o que ele lhe abandonava enquanto, de perda em perda, ele próprio se perdia. De perda em perda, ele o fazia rico de uma história fabulosa que o chamava ao mundo do verdadeiro sofrimento, mas também ao da criação e da escrita. Como duas músicas justapostas das quais uma ofegava nos últimos acordes de um violino que se desencadeava, a outra se exaltava no modo maior da abertura de uma ópera".

Assim é o horror da transmissão: de pai para filho, de autor para leitor, "palavras que queimam, palavras que matam, por serem as da verdade obscena, insuportável. Verdades que não libertam, por serem ditas. Que exprimem o irrevogável, a consciência odiosa de um homem revelado a seus fracassos. Revelação que ao mesmo tempo determina a esse homem que compareça diante de sua morte".

26 de janeiro de 2001

Resenha do livro *Abandonarás teu pai e tua mãe* de

Philippe Julien

Ed. Companhia de Freud.

Luciana Abi-Chahin Saad

Escola Lacaniana de Psicanálise – R. J.

O leitor que conhece o 4o Mandamento, "Honrarás pai e mãe", o que pensaria de um livro escrito por um psicanalista intitulado *Abandonarás teu pai e tua mãe*?

Pois este é o terceiro livro do psicanalista francês Philippe Julien, em seguida a O *Manto de Noé* e A *Feminilidade velada,* sendo o primeiro e o terceiro publicados pela Editora Cia. de Freud. O livro parece marcar uma trilogia, onde o autor vem construindo o seu pensamento acerca da sociedade dita moderna. Neste terceiro volume, levanta-se a questão: o que faz com que um homem e uma mulher venham a fundar uma nova família? E sob que condições essa família dita moderna se instala e quais são os seus efeitos?

Trata-se de um livro escrito por um psicanalista, é verdade — mas, ao contrário do que pode pensar o leitor, achando que nele encontrará uma leitura hermética, trata-se de um ensaio bem acessível, sem perder a coerência de uma teoria notoriamente complexa: a psicanálise. É a confirmação plena de que os pressupostos psicanalíticos podem ser entregues à construção de uma obra ímpar, sem concessões a quaisquer movimentos da psicologia. Além disso, Julien faz da psicanálise, ciência do singular, o contexto possível para se pensar as possíveis ocorrências do Outro no social, sem as quais estamos condenados a não compreender nada de psicologia coletiva e de história humana. Como fez Freud em "Totem e Tabu"e "O Mal-estar na civilização", Julien pretende fazer uma leitura para além do fenômeno e por trás das aparências, tocar na estrutura das questões humanas.

O autor, instigado pela interrogação — "O que uma geração deve transmitir à seguinte para permitir-lhe abandoná-la"? — põe em jogo a discussão sobre a família ao longo dos tempos. Julien consegue apresentar, gradualmente, a articulação desta verdade: que de tempos em tempos a família é posta em questão, na dependência de como se dá, a cada momento, a transmissão de um saber que é estrutural — a lei do incesto. No entanto, e este é o cerne do livro, a lei do incesto, apesar de advir de uma negação criadora — que proíbe ao filho a união carnal com a mãe e, a esta, reincorporar seu produto —, não garante por si mesma o exercício de uma conjugalidade, ou seja, o que faz um homem e uma mulher fundarem verdadeiramente uma nova família.

Anteriormente, um casamento era, com efeito, um entendimento entre dois pais. Havia uma obrigação de fidelidade eterna aos valores da linhagem a ser perpetuada. A modernidade não privilegia esses valores; ao contrário, presenciamos o declínio da imagem social do pai. Este declínio permitiu também a modificação das razões da escolha conjugal. Aos poucos, a sociedade vem sofrendo esta ruptura da imagem do pai em quase todos os lugares: desemprego, famílias monoparentais ou recompostas, celibato prolongado das mulheres por motivo profissional, filhos criados pelos avós são imagens da família moderna. Se, por um lado, os pais se tornaram companheiros mais fraternais, por outro ficou muito mais difícil ser pai hoje em dia, no sentido de transmitir a necessidade do respeito aos limites para se ter acesso à satisfação. Nos tempos atuais, onde o fundamental é se obter tudo o mais rápido possível, não há lugar para se exercer o limite. Julien nos diz que a disjunção entre conjugalidade e parentalidade funda a modernidade e com ela novos efeitos se engendram, fundando novas disjunções: quanto mais a conjugalidade é privada, mais a parentalidade é pública. O exercício da cidadania, com a conseqüente inserção do indivíduo enquanto "filho do Estado", acarreta a inclusão neste papel de parentalidade de um terceiro social a incluir na criação da prole. São as figuras diversas do terceiro social: o professor, o pediatra, o psicólogo, o juiz de menores, etc., o que por sua vez contribui ainda mais para o enfraquecimento da figura paterna.

Este desnível crescente irá desembocar numa outra disjunção, entre uma sexualidade sem reprodução e uma parentalidade sem sexualidade. Se por um lado a modernidade é um espaço que torna movediço todo o referencial simbólico, por outro expõe como inelutável uma lei maior, que obriga há milênios homens e mulheres a emigrarem de suas famílias originárias e fundarem outras. Todavia, e aí entra a psicanálise, esta transmissão de como se funda uma nova família não é tão simples assim; é necessária uma outra lei, fundada no desejo: esta lei incita necessariamente à separação, à criação de um espaço que rompa com a geração que a antecedeu, apenas por conferir-lhe seu lugar na estrutura, pois a verdadeira lei é que "o amor descende, mas não ascende". Esta é que é a lei implacável. A transmissão de que se trata é que é necessário abrir mão de ser filho para que se crie algo novo. Na verdade, trata-se de uma transmissão inconsciente onde os pais, eles mesmos, transmitem às crianças o poder deles se excluírem e, inversamente, as crianças excluírem-se de seus pais. É um ato de fé, onde pai e mãe retiram-se do lugar de pai ideal, oferecendo o que há de melhor: a falta. É por faltar-lhes que a vida lhes é oferecida. Assim, deixar pai e mãe não é rejeitá-los em favor de uma errância sem eira nem beira. Mas também não é ficar a eles atado, fazendo-se a sustentação de suas vidas. "Nem mágoas, nem ressentimentos, mas graças à lei do desejo, fundar um novo contexto". Como diz Julien, "... é que a verdadeira filiação é ter recebido dos pais o poder efetivo de abandoná-los, porque a conjugalidade deles continua sendo primeira". Em outras palavras, as do poeta Hölderlin: "Deus criou o mundo como o mar criou a praia, retirando-se".

O mais impressionante é que o autor consegue fazer de um tema tão complexo algo fascinante e envolvente. Ele convida o leitor a entrar na questão, quase como numa associação livre, mostrando que os encadeamentos simbólicos da palavra não são aleatórios. Aos poucos vai levantando o véu e, como numa análise, vai construindo e desconstruindo, o que acaba por conceder movimento ao livro. Ainda que chocado, perplexo, não se consegue interromper a leitura e neste ritmo, o leitor, que certamente é um cidadão moderno, vê-se implicado, percebendo a responsabilidade do sujeito pelo que tece em seu próprio destino. Torna-se, então, um livro da ordem do necessário, desses que se transformam em livro de cabeceira, não para induzir o sono, mas para despertar...

Julien traduz em palavras aquilo que a psicanálise impõe ao sujeito: que não é esquecendo que se faz luto, e sim buscando na palavra aquilo que se perdeu, e que para se deixar a origem é necessário saber o que se perde e o que se ganha ao abandoná-la. Como diz Françoise Dolto: "Honrar os pais é quase sempre virar-lhes as costas e ir-se embora, mostrando ter-se tornado um ser humano capaz de se assumir".

Resenha sobre o Livro
A Equação dos Sonhos e sua Decifração Psicanalítica

De Gisele Chaboudez.

Editora Companhia de Freud, 2.000.

José Mário Simil Cordeiro

Médico-psicanalista. Membro-fundador da Escola Lacaniana de Psicanálise-Brasília.

Em 1932, numa conferência em que faz uma revisão de sua teoria dos sonhos, Freud reafirma a importância e o valor, para a construção do edifício psicanalítico, de sua obra "A Interpretação dos Sonhos", editada pela primeira vez em 1.900. De fato, aqueles que conviveram diretamente com seu ensino e os que se encarregaram de dar continuidade à sua obra tiveram na interpretação dos sonhos uma ferramenta valiosa não só para comprovar *in vivo* os mecanismos complexos do funcionamento do inconsciente, como também para encaminhar com êxito sua tarefa da condução de análises. Há indicações, nos textos de autores freudianos, de que o material onírico permaneceu em lugar nobre, comprovando sua natureza de "estrada real" de acesso à cena inconsciente e propiciando a construção de um *corpus* teórico ligado à clínica dos sonhos. A leitura lacaniana da obra de Freud, pelo menos na década que se seguiu ao seu apelo de um "retorno a Freud", a partir de 1953, se de um lado recupera um sentido fundado em textos inaugurais como a *Traumdeutung*, por outro lado tem como consequência, pelo seguimento de seu ensino e sua repercussão na prática clínica, o paradoxo de não ter dado lugar, até aqui, a um *corpus* teórico sobre a clínica dos sonhos à altura dos avanços propiciados pela virulência desse ensino.

O livro de Gisèle Chaboudez pode ser tido como um desses pontos de basta, na trilha psicanalítica, em que um sentido novo emerge, iluminando o caminho até aqui percorrido com o vigor e a atualidade desse novo. Buscando em Freud e em autores que o influenciaram, como Dante, o material e o método de trabalho originais e acrescentando a isso sonhos de crianças da clínica de Freud, além da releitura feita por Lacan dessa mesma clínica e da de outros analistas pós-freudianos, a autora, recorrendo também a uma vasta casuística de sua própria safra, traz uma contribuição importante para aquilo que poderia ser chamado de uma clínica lacaniana dos sonhos. Para isto, utiliza as ferramentas teóricas propostas por Lacan, sobretudo aquelas provindas da linguística, da filosofia e da lógica e que fizeram de seu ensino o sopro renovador do movimento psicanalítico, com as consequências que conhecemos.

Composto de três partes, o livro propõe à reflexão o fato, já constatado por Freud, de que o texto do sonho, isto é, o relato de seu conteúdo manifesto, é constituído de pensamentos cifrados, a serem decifrados como tais. O sonho tentaria, em última instância, resolver uma equação. Dois sistemas perseguindo objetivos inversos tentam achar um compromisso: o pré-consciente, animado pelo desejo de dormir, e o inconsciente, pela exigência de satisfação. Uma anulação das tensões contraditórias resulta de um compromisso correto, tanto que se pode considerar um sonho bem sucedido como uma equação igual a zero. A primeira parte do livro, então, tenta demonstrar o que a autora chama "incidências do desejo do Outro". Para tanto, recorrendo a um material recolhido de adultos e crianças e confrontando-o com sonhos da tradição freudiana e com um sonho da literatura medieval, descreve o funcionamento dos modos de substituição significantes que são a metáfora e a metonímia, através dos quais o sonho realiza disfarçadamente o desejo. Reconhece nessa realização a equação freudiana, só que levando em conta agora a consideração lacaniana de que o desejo determinante no complexo de Édipo não é tanto o do filho pela mãe, mas o da mãe, não enquanto desejo sexual, mas seu desejo em conjunto relativo a esse filho suscetível de representar para a mãe o objeto fálico. Os sonhos, em sua grande maioria, seriam interpretados como a resposta que ele constitui ao desejo que o sonhador encontrou no Outro. Se o sonho, para Freud, realiza o desejo do homem, ele o fará em resposta ao do Outro, para interpretá-lo e cifrá-lo. Essa cifração pode se dar pela metáfora (cujo protótipo é a metáfora paterna), recalcando-o, pela metonímia, deslocando-o ou finalmente realizando-o.

Na segunda parte, a autora tratará do que ela chama "o cálculo do gozo". Trata-se de uma vertente da realização do desejo que não diz mais respeito ao campo do princípio do prazer, mas de um modo de repetição isolado por Lacan, que se situa além. O sonho satisfaz o princípio do prazer, mas pode desembocar em seu além, onde toma lugar o trauma: é o real. O trabalho do sonho tomaria aqui um alcance novo por integrar-se num conjunto mais vasto, determinado por um real que lhe condiciona a estrutura. Ele elaboraria um material de suplência destinado a mascarar-lhe o furo. De um modo geral, trata-se, com o real, do retorno de algo que tem a ver com o que foi primordialmente recalcado ou foracluído. Na maioria dos sonhos, o real não se manifesta, pois a cifração consegue mascará-lo, mantê-lo à distância. Consegue-se, com isto, neutralizar a angústia frente ao gozo insuportável do Outro, a economia desse gozo chegando a um resultado nulo. Entre os processos de cifração, a metáfora tem sobre o gozo um efeito decisivo, já que, como no caso da metáfora paterna, um significante freia e recalca o desejo da mãe, esvaziando o Outro da própria hipótese de seu gozo e substituindo-o pelo sentido. Já a metonímia opera forjando um objeto literal, chamado por Lacan objeto "mais-de-gozar", que será depositado no inconsciente, funcionando aí como valor de gozo. O desejo no sonho, nessa perspectiva, não é mais feito para ser realizado, mas para substituir o gozo. O enfoque, em seguida, do pesadelo como fracasso dessa cifração, a partir de rico material da clínica da autora, vem demonstrar quanto o sonho não é simplesmente o desejo realizado do sonhador, mas também a via segundo a qual esse desejo tenta tratar o do Outro a fim de excluir seu gozo: o fracasso desse tratamento desnuda o real aí implicado.

A terceira parte introduz a indispensável discussão da função e da prática analíticas do sonho. Sobre a função do sonho, as operações de cifração apresentam-se como um canteiro de obras permanente de tratamento do desejo, a fim de obter uma anulação da economia do gozo, mascarando o real ou manifestando a falta do Outro. Haveria um compromisso no trabalho do sonho que permite substituir o gozo do Outro, ou então seu vazio, pelo desejo articulado ao sistema do objeto a. O que dá ao sonho seu caráter prototípico das formações do inconsciente é o fato de esse compromisso ocorrer também na vigília, isto é, comparecer na estruturação do sujeito de um modo geral. Em seguida, um comentário interessante sobre as fronteiras com a neurobiologia, a partir das pesquisas modernas sobre o sono paradoxal, dá uma idéia sobre os limites possíveis para o diálogo entre a psicanálise e a fisiologia contemporânea. O texto encerra-se com um capítulo sobre a prática analítica do sonho, no qual a autora ilustra o estilo lacaniano de aproveitamento interpretativo desse material. Aponta, com pertinência, que sua intervenção se dá no registro do significante e não no da significação (como o faz a tradição freudiana). O sonho sendo um dizer, cujo sentido e alcance só são concebíveis no conjunto dos dizeres, a importância de sua interpretação numa análise está ligada também ao fato de ele constituir a fonte mais importante do retorno do recalcado. O manejo desse material pode partir, por exemplo, da escuta do material associativo do analisante, dele citando tal ou tal elemento cifrado do sonho, isto é, intervindo nele a partir de suas próprias metáforas. Isto tem por efeito restituir a dimensão do sentido, que é aquela perseguida pela análise. O analista, então, cita um enunciado do analisante a fim de que este se pronuncie sobre sua enunciação, sobre o que ele mesmo disse pensando dizer outra coisa. Um recorte clínico ilustra esse *modus operandi*: numa sessão recente, uma analisante menciona o seguinte sonho. "*Ela está numa casa no nível de um jardim, há uma tempestade. Ela quer por para dentro um gato todo molhado que estava no jardim, mas, ao abrir a porta-janela, um corvo se precipita ao mesmo tempo. Ela fecha então bruscamente a porta e lhe prende a pata; ele vai embora mancando, cotó. O gato é tigrado, com olhos desenhados no pelo e ela lhe dá de comer. O pai de seu companheiro, que lá está, diz que seu irmão, Robert, lhe disse que tinha que dar croquetes ao gato*". Espontaneamente a analisante se entrega a uma primeira série de associações. Ela tem um gato e seu companheiro, com o qual está começando a dividir um apartamento, não gosta de gatos. Ele o aceita, mas mostra-se severo com ele. Ora, "tinha dez anos de vida comum com esse gato", dizia ela, antes de encontrar o companheiro. Com frequência, ele lhe diz com maldade: "Anda! Vai fazer carinho no seu gato". Quando o gato faz coisas erradas, ela tem medo de que o companheiro bata nele. Ela não sabe por que o gato do sonho é tigrado, com olhos que parecem observar. Ele come e sai para o jardim.

Depois ela se cala.

(analista): Um corvo?!

(analisante): Tudo o que sei é que detesto corvos!

(analista): Como ele detesta gatos?

(analisante, rindo): Sim, o grito deles me assusta, mas daí a lhe prender a pata e mutilá-lo! Talvez eu tenha medo de que ele faça isto com o gato.

(analista): E esse pai?

(analisante): O pai do meu companheiro adora cães, mas mesmo assim tem um gato; espero, portanto, que ele acabe como o pai, gostando de gatos, siga seus passos. Aliás, ele o admira e imita por sua força de caráter. O pai teve uma oficina mecânica que faliu e, com força de vontade, conseguiu encontrar trabalho e pagar tudo sem ajuda alguma. O irmão deste não se entende com eles e recentemente descobrimos que desviou dinheiro da conta do avô.

(analista): É este então quem aconselha os croquetes?

(analisante): Ele trabalha para um banco e é ele quem liquida as agências pouco rentáveis, salda as contas, executa. Croquetes são coisas que nunca dou ao gato, pois é muito ruim para gatos castrados.

(analista): Trata-se de liquidar o gato?

(analisante): Em todo caso, dou os croquetes.

(analista): Em suma, você está resolvendo a discussão gato-corvo?

(analisante): Visivelmente, estou me livrando dos dois.

A interpretação do sonho terá sido incompleta e vários elementos permanecem obscuros. A sonhadora aceita, de certo modo, acabar com o gato como companheiro, à maneira de uma "agência pouco rentável", segundo a prescrição do liquidador da linhagem paterna de seu companheiro, mas contanto que liquide também um corvo vindo a mais, como se fosse toma-lá-dá-cá. Se este pequeno objeto fálico lhe é contestado, não há então tampouco corvo, que ela detesta! Este é um raciocício absurdo, já que ninguém gosta de corvo ou lhe pede para aceitá-los. Mas talvez tenha sua razão de ser no que é para ela evocado pelo grito particular do corvo, o que não foi elucidado. Esse grito tem, com efeito, uma tonalidade muito particular, que às vezes evoca o grito do gozo feminino, de modo desagradável, logo, recalcado. Assim fazendo, ela renuncia a seu objeto fálico para inscrever-se na linhagem paterna de seu companheiro. Esta comporta a um só tempo o liquidador pouco escrupuloso e o homem admirável que dá o que há a ser transmitido. No mesmo tempo, a sonhadora confia-se a este pai que mostra que é possível conservar cães e gatos num casal, cada um com seu objeto fálico. Algumas semanas mais tarde, quando ela se irritava com sua propensão a procurar encrencas com o companheiro, a propósito de outra coisa, concluíamos a sessão com estas palavras: "A procurar corvos!". Além de uma dialética idêntica àquela que estava em jogo no sonho, a palavra "encrenca" (em francês crosse, próximo de croasse [crossita, corveja]) comportava em sua primeira sílaba o mesmo som que aquele pelo qual imaginamos o grito do corvo, croa. Toda a problemática em questão neste sonho foi então posta novamente a trabalho. Este sonho foi seguido de dois outros, que com ele constituem uma série decisiva de uma mudança de posição subjetiva."

O livro da Sra. Chaboudez é de leitura indispensável para todos aqueles que se interessam pela clínica psicanalítica.

Membros da Escola Lacaniana de Psicanálise – R.J.

Abílio Luiz Canelha Ribeiro Alves – 2539-3875 / 2539-9709
Ana Beatriz Favero – 2287-8155 / ana.favero@infolink.com.br
Ana Benjó – Cons.: 2539-3875
Ana Claudia Merelles Bezz – 2611-7992 / anabezz@zipmail.com.br
André Luis de Oliveira Lopes – 2494-3237 / andrellopes@brfree.com.br
Angela Carpes – 2535-4736 / angelacarpes@hotmail.com
Celso Pereira de Almeida – 2551-2404
Claudia Mendes Barbosa – 2267-4021
Cristina Hoyer – 2511-1200
Cristina Maria Lemberg – 2522-3509
Deise Oliveira Svaiter – Membro correspondente nos U.S.A.
Doraci Ribeiro da Cruz – 3685-7192 / dora.ribeiro@bol.com.br
Dulce Duque Estrada – 2541-0693 / strada @infolink.com.br
Edméa Maria Gonçalves de Mello – 2512-1568 / rancho@ism.com.br
Flávia Chiapetta de Azevedo – 2569-0705
Ines Catão – Membro correspondente em Brasília
Isis Regina dos Santos Mendes – 3686-9286
Jacqueline Minervino de Almeida – 2719-3237
José Nazar – 2239-9096 / jnazar@ism.com.br
Josenia Veneziani – 9135-6194
Luciana Abi-Chahin de Oliveira Saad – 2511-5801
Luiz Augusto Bittencourt Fabriani – 2294-4178 / luizfabriani@uol.com.br
Márcio Rangel Alves – 2259-5410
Maria Adalziza de O. Miles – 2294-7646
Maria Cecília Bretas – 2511-5801 / anajoao@openlink.com.br
Maria Clara L.P. de Assis Brasil – 2540-7604 / mclarabrasil@openlink.com.br
Maria das Graças Mairen dos Santos Pereira – 2538-2577 / 2717-3237 / mairen@microlink.com.br
Maria Elisa de Andrade Machado – 2239-0645
Maria Emília Lobato Lucindo – 2274-9299
Maria Gorete da Cunha Mosqueira – 2494-3237
Maria Luiza Carvalho Silva Zanotelli – 3813-5034

Maria Prisce Cleto Telles Chaves – 2611-0415

Maria Teresa Christina Palazzo Nazar – 2512-9267 / tereza@ism.com.br

Maria Teresa Melloni – 2539-9730 / tmeloni@bol.com.br

Mary Kleinman – 2236-7528

Miriam Celli Dyskant – 2511-2662 / mcdys@openlink.com.br

Mônica Visco – 3813-5034 / mvisco@uol.com.br

Onezir Rosa Borges – 2717-5967

Pedro Soares Banhara – 2572-7236

Rogério Mader – 2294-4405 / rfmader@hotmail.com

Romana Maria R. Costa – 2267-3985 / romana@marlin.com.br

Sandra Regina Felgueiras – 2527-0121 / sfelg@marlin.com.br

Silvia Mangaravite de Moraes – 2529-6872

Sonia Maria P. P. da Motta – 2540-7543 / mottasonia@hotmail.com

Thereza Suely Barile Cezar – 3685-7192

Yossef Kamel Saad – 2247-8990

Candidatos ao texto da Escola Lacaniana de Psicanálise – R.J.

Andrea Matheus Tavares – 2612-3117

Ana Lucia Villela de Araújo – 2522-7623 / anaraujo@openlink.com.br

Belina Lobo e Silva – 2285-4092

Benedito da Silva Lomba Neto – (24) 3353-2019 / (24) 3354-1106

Bethania Sampaio Corrêa Mariani – Correspondente nos U.S.A.

Cícero Romeiro Batista – 2261-8679

Denise de Lima e Silva – 2539-3875

Eliane E. C. Rodriguez y Rodriguez – 2610-0807

Fátima Dias Alves Tremura – 2570-5515

Fernanda Côrtes de Castro Araújo – 2503-7318 / cortesn@bol.com.br

Isis dos Santos Mendes – 3686-9286

Laissi Ribeiro Barbosa – (68) 225-2356 – Correspondente no Acre

Lígia Lima Lopes – 2234-2023 / ligiallopes@openlink.com.br

Lilian Monteiro Ribeiro – 3813-5750 / 2521-5023

Lucia de Fátima Nigri

Lucia Maria M. Sardinha – 2711-6972

Luciana do Amaral Barcellos – 2464-6129 / lucbarcellos@ig.com.br
Marlene Silva Monteiro – 2612-5195
Maria de Fátima Dias Miranda – 9625-3299 / fatimamirandaju@ig.com.br
Maria Elisa Saraiva Coelho – 2548-5023
Maria Elizabeth da Costa Araújo – 2717-5917 / betharaujo@nitnet.com.br
Margaret Daudt Spohr Krummenauer – 3325-4265
Mário Rutman – 2247-6397 / marrut@domain.com.br
HYPERLINK mailto:masrut@matrix.com.br
Maristela Azevedo – (24) 3365-1175 ramal 2252
Oziléa Clen Gomes Serafim – 2234-0041
Shirley Maria Malveira D'Ávila – 2554-4675
Tânia Malafronte de Andréa Segall – (24) 3354-4070 / malafron@zaz.com.br
Tania da Rocha Machado – 2266-2316 / 2610-9659
Wanda Luiza Peregrino do Espírito Santo – 2205-5119
Zoraide Sueli Sesana de Oliveira – 2266-5521